台灣風土誌

神佛正傳與祭拜須知〔夏之卷〕

李登財
劉還月
合著

常民文化

從《神佛正傳》到《新神佛正傳》

——《神佛正傳與祭拜須知》劉還月序

《神佛正傳》這個節目以釋迷解惑的角度，深入淺出地探討民間俗信與信仰的問題，而非以怪力亂神或是提倡妖惑迷信來吸引觀眾，同時這個節目也是許多人認識台灣宗教，與民間信仰的知識寶庫。

電子媒體開放以來，邀我上節目的人相當多，不管熟不熟識，總感覺受邀與被邀者，只是短暫的雇傭關係，「銀貨兩訖」之後，又要等到下一次有需要，才會有再接觸的機會。

李登財先生，原本也是一個邀我上節目的人，當時他在一個有線電視台，主持《神佛正傳》的節目，爲了怕我不肯上節目，他還特別要助理拷貝了一捲這個節目的影帶，要我一定看完，那時候我正忙著許多研究計劃，並沒有仔細

看，加上對有線電視台充斥的怪力亂神節目不以爲然，因此雖然在盛情難卻的情況下上節目，但心裡暗自決定：僅此一次，下不爲例。

錄影完成之後，李登財先生又拷貝了一捲該集的節目帶給我，這回，我花了比較多的時間看了，並且發現這個節目並不像一般節目，以怪力亂神，或者提倡妖惑迷信，藉以吸引觀眾，反而是以解迷解惑的角度，深入淺出地探討民間俗信與信仰的問題，當時對於李登財先生製作主持的節目，就已有了較不同的看法，但自己的工作實在太多，雖然答應有機會繼續上節目，但能夠去參加的機會實在不多。

不久之後，《神佛正傳》結束了，李登財先生換了一家電視台，製作的新節目叫做《台灣封神榜》，名字改了，也邀請了唐美雲小姐加入主持陣容，但節目型態和主要精神並沒有太大的改變，同樣的節目，被迫換台製作，當然是有不足爲外人道的原因，不過李登財不願說，只是依舊熱情地邀我上節目，只是這時候我更忙了，忙著自己在製作《台灣地平線》的電視節目，參加這個節目的機會反而更少，倒是許多觀眾朋友關心我，問我爲什麼不再上這個許多人都愛看的節目？

透過觀眾的反應，我更清楚在常民百姓的心目中，無論是《神佛正傳》或者《台灣封神榜》，不僅是許多人認識台灣宗教與民間信仰的知識寶庫，節目不提倡迷信，不鼓勵怪力亂神的態度，更是贏得許許多多觀眾肯定的最主要原因。

一九九九年九二一大地震之後一個月，我拖著疲憊的身體，以及對政府效率和態度徹底絕望的心情，回到台北。萬念俱灰之際，又接到《台灣封神榜》的邀請，我應約上了節目，還要求李登財先生派外景小組去記錄、關懷災區的人民與信仰，李登財一口答應了，此後約有半年的時間，《台灣封神榜》每集都有地震受災寺廟的相關報導，更在節目中大聲疾呼，希望觀眾踴躍捐款，協助許多地方信仰中心重建。

這樣的變化，不僅開啓了我每一集都固定擔任民俗解說員角色的契機，也正式展開了我和李登財先生以及製作小組之間的友誼，只要有機會，我都很樂於提供許多觀念或想法，給節目製作小組做參考，我們也希望成立基金會，爲台灣民間信仰的正信與推廣盡一份力，沒想到又一次突如其來地遭受到電視台的打壓，節目停止錄製，連說再見的機會都沒有。

弱勢的人，眞的連怨嘆老天爺不公平的機會都沒有嗎？

做了八年《神佛正傳》系列節目的李登財，就因爲理念的堅持，突然之間就變得一無所有，這種際遇，還眞像我爲台原出版社打拚了七年，最後還是一無所有地離開！

一無所有之後，我們只能重新再來！

李登財找到了歐朋電視台，這是一個非常古老的有線電視台，卻也幾乎完全被觀眾遺忘的電視台，幸好，過去那麼多年來，和他一起打拚的朋友，沒有人

會嫌棄這個電視台的過去，反而都願意和他共同去打天下！《新神佛正傳》在這裡復活了，由李登財、唐美雲和劉還月共同擔綱，依舊堅持理念，同樣堅持提倡正信，同樣為觀眾解疑釋惑，為了突破舊有的風格，更開放了觀眾參加錄影，並且現場提出問題，大家共同討論溝通。

我們不只希望把節目做得更好，還要更進一步設立可以弘揚理念的「神佛正傳道場」，以及成立社團法人組織的「台灣民間信仰總會」，以透過組織的方法，來宣揚民間信仰的力量，同時，也集合了李登財和劉還月兩人長久以來整理，撰寫有關於神佛由來，以及祭祀風俗的文字，整理出四本一套的《神佛正傳與祭拜須知》，交由常民文化出版，這四本書主要的內容，都是過去在《神佛正傳》、《台灣封神榜》以及二〇〇〇年起，在歐朋電視台播出的《新神佛正傳》的精采內容，過去有許許多多的觀眾朋友，一再希望電視上播出的精采內容，能夠有機會獲得，如今，我們把所有的劇本重新整理，並加入許多新的資料，成為這四本認識台灣的神佛與信仰祭祀的寶典，不只是每一個台灣家庭必備的生活寶典，更可以典藏傳世，光耀台灣文化。

疼惜台灣的新台灣人，每個家庭都應該擁有一套，做為留給後世子孫的傳家寶！

神佛正傳與祭拜須知〔夏之卷〕目錄

——《神佛正傳與祭拜須知》劉還月序

《神佛正傳》這個節目以釋迷解惑的角度，深入淺出地探討民間俗信與信仰的問題，而非以怪力亂神或是提倡妖惑迷信來吸引觀衆，同時這個節目也是許多人認識台灣宗教，與民間信仰的知識寶庫。

第一輯　神誕與祭祀

在夏天舉行神誕或祭典的神明，
大多性格剛烈火爆，且武功高強，
宛如台灣炎夏猛烈的氣候一樣。
而熱鬧登場的民間信仰活動「迎王爺」，
正是這個季節最重要的慶典。

台灣夏季氣候變化極為明顯，
炎熱的氣溫和綿綿不絕的梅雨、颱風，
以及水患肆虐，時常招致瘟疫橫行，
受到環境影響的民間信仰活動，
多以驅除瘟疫和風土病為主。

第二輯　神佛正傳

台灣風土誌

第一輯　神誕與祭祀

炎炎盛夏畏神佛

——夏季神明的崇祀與迎王爺祭典

在夏天舉行神誕或祭典的神明，大多性格剛烈火爆，且武功高強，宛如台灣炎夏猛烈的氣候一樣。而熱鬧登場的民間信仰活動「迎王爺」，正是這個季節最重要的慶典。

炎炎夏日，有沒有感覺到特別容易動怒呢？

民間信仰的世界，其實就是人的世界的一種反射，因此，爲了反映炎夏的特色，大多數在這個季節舉行神誕或者祭典的神明，要不是跟驅除風土病或者帶來瘟疫有關，就是武功高強，性格剛烈，容易動怒，卻也最能夠保護人民生命財產安全的角色，不信的話，您可以特別注意看看。

延續春天尾巴最熱鬧的「三月瘋媽祖」之後，緊接著也要在全國熱烈登場的，就是「四月迎王爺」。王爺信仰是台灣瘟神信仰中

最複雜且眾說紛紜的，近來因爲廟神的氾濫，民間奉祀任意發展，王爺已超過百餘姓氏。在夏天的王爺祭，有忠貞殉國的保儀尊王張巡、忠肝義膽的趙府千歲趙子龍、一代賢相蕭府千歲蕭何、又稱白馬將軍的謝府元帥……，每到祭日，萬人空巷的盛況，一點也不亞於媽祖香期。

人類對萬物皆有神的觀念，至今已有數千年，不管是天上或者地下，都視之有神，崇拜的神明非常多，範圍也很廣，天有自然的星宿以及風雨雷電等，地有大地、山川、河海以及人格神，可說是無所不在，無時不有，像是泰山娘娘碧霞元君、台灣只有一座風神廟祭祀的風師……，都是早期人類對宇宙空間的變化莫測，因恐懼而虔誠崇拜的。

而在民間信仰中，還有所謂的職業神等，也就是各行各業的創始祖，每到祭祀

▲「四月迎王爺」，是台灣民間信仰的高潮。

▲夏天的神明大多武藝高強，個性分明，托塔天王就是一個例子。

的日子，從事該行業的人們都要準備祭品，盛大祭拜一番，像是有藥王之稱的神農大帝、懸壺濟世的華陀仙師，都是醫師的職業神。

另外木工的祖師爺巧聖仙師，音樂之神田都元帥、戲劇之神西秦王爺、消防人員必拜的火神、廚師祖師易牙祖師……，都受到該行業的人員所崇祀。

另外祭日在炎炎夏日中的神明，有些脾氣也都比較火爆，個性剛正耿介，像是通過十試考驗的八仙之首呂洞賓、公正不阿的城隍爺、威名顯赫的托塔天王李靖、造型多變的三太子李哪吒、萬民共祀的關聖帝君……，都有著驅邪伏魔，或武功高強，或者陰森駭人的特性。

除了上述的神明之外，夏天裡還有諸多神明，爲了讓有心的朋友們能更方便閱讀，我們特別列表來介紹，表中詳列各路諸神大道的誕辰之日，以及台灣各廟宇的重要祭祀大典、民俗活動、洽詢電話……，讓您對各種神誕有更深入的了解與認識！

梅月的神誕與民俗祭典

農曆日期	各地神誕與祭典
四月初一	【九殿都市王生】主要爲懲處生前親存不善，親歿不葬之人。【九份大拜拜】台北縣瑞芳鎮九份慶祝迎媽祖而舉行的大拜拜，爲當地最盛大的慶典，詳洽：02-24970402。【新竹七夫人祭】新竹縣香山大座明烈堂。【林口趕集】、【路邊阿彌陀佛祭】、【鎮海將軍祭】、【山海鎮神祭】。
四月初二	【祭孟大典】由孟子後裔舉行祭孟大典，地點：台北市中山堂，詳洽：孟氏宗親會，02-27058181。【做牙】、【祭地基主】。
四月初四	【文殊菩薩聖誕】全台各地佛寺皆有祭典。台北市萬華區廣州街龍山寺，詳洽：02-23025162。【鎮塭將軍祭】台南縣七股鄉三股村鎮塭宮。
四月初六	【嘉義港口宮遶境】嘉義縣東石鄉港口宮至下六庄，詳洽：05-3601004。
四月初七	【藍采和生日】藍采和爲八仙中排名第七者。【五府王爺例祭】五位王爺的祭典，澎湖縣沙港村廣聖殿，詳洽：06-9211545。
四月初八	【釋迦牟尼佛誕辰紀念日】佛誕日正式被列爲國定紀念日。【浴佛節】全國各地佛寺皆有盛大浴佛大典。【八殿平等王生】主罰生前販毒賣淫者，傳播邪術騙財騙色之人。【祭蟲蟻】傳統社會中，人們在廚房行送蟲蟻儀式，活動簡單，卻深富含意，至今仍在少數地方可見到此俗。【客家庄打板】客家人於此日舉庄做米

	篩目或水粄仔（水粿），摻入青草的粄，具有防蟲害的用意。摻有青草的水粄仔，又稱爲腳餐粄，據說可補充腳力。【金母娘娘生日】台中縣太平鄉淨業精舍，詳洽：04-22701060。【青蓮寺朝山過火法會】花蓮縣瑞穗瑞美村青蓮寺，詳洽：03-8872128。【祭陶兵太子】雲林縣口湖鄉湖東村陶兵太子祠。【三芝民主公祭】台北縣三芝鄉新庄子民主公廟。【大內環湖三坪祖師祭】台南縣大內鄉環湖社區。【美濃劉聖君祭】高雄縣美濃鎮劉公聖君廟，詳洽：07-6816602。
四月初九	【日本義愛公森巡查祭】嘉義縣東石鄉副瀨村富安宮。【迎媽祖】台中縣大肚鄉文昌路順天宮。
四月初十	【保儀大夫祭】台北市文山區忠順廟，詳洽：02-29394852。【康元帥千秋】高雄縣湖內鄉中賢村信義路慈濟宮，詳洽：07-6994154。【員林百姓公祭】彰化縣員林鎮東門外的百姓公廟，詳洽：04-8347340（設有內台戲台，經年都可見到野台戲演出）。
四月十一	【四月迎王爺】四月中旬到下旬，爲台灣迎王爺熱季，全國各地王爺廟，莫不熱鬧舉行王爺進香慶典，熱鬧非凡。【喜樹瘟王祭】台南市喜樹里萬皇宮，詳洽：06-2622343。【丐幫祭祖】台南縣學甲鎮學甲國中旁後社仙祖寮。
四月十二	【蘇府王爺誕】北市萬華區廣州街金門館；彰化鹿港奉天宮等七座蘇府王爺廟。【三王爺生日】台中縣龍井鄉永和宮。【義雄爺祭】台中縣大甲鎮大眾爺廟。【隨駕王李勇誕】南投縣竹山鎮延正里保安宮，詳洽：049-2642612。【金門城

隍祭】金門縣金城鎮。【彭祖祭日】。

四月十三

【爐公仙師聖誕】台中縣東勢鎮巧聖仙師廟，詳洽：04-25875032；台中縣豐原市九龍宮，詳洽：04-25224514。【三寮灣請火】台南縣北門鄉三寮灣東隆宮，詳洽：06-7850135。【迎媽祖請戲】台中縣龍井鄉龍西村茄投路保安宮，詳

▲農曆四月十三日為爐公仙師的聖誕。

▲孚佑帝君就是人們所熟悉的八仙中的呂洞賓。

▼劇團演出既為了酬神，也娛樂信眾。

	洽：04-26628215。【西港燒王船】台南縣西港鄉慶安宮，詳洽：06-7951034。（每逢牛、龍、羊、狗之年舉行一次，不過舉行的日期不定，有意參加者請事先洽詢）。
四月十四	【呂洞賓（孚佑帝君）聖誕祭典】台北市文山區指南宮，詳洽：02-29399922；台北市大同區大龍峒覺修宮，詳洽：02-25928042；台北縣三峽鎮福山巖祖仙廟；台南縣東山鄉青山孚佑宮，詳洽：06-6861502；高雄縣茄萣鄉金鑾宮，詳洽：07-6902948；高雄縣燕巢鄉玄光修道院，高雄縣旗山鎮興南宮，花蓮縣玉里鎮協天宮，詳洽：03-8882252。【迎媽祖請戲】台中縣龍井鄉麗水村福順宮，詳洽：04-26392852。【關廟馬使爺祭】台南縣關廟鄉五甲村馬使爺廟。
四月十五	【鍾離權生日】鍾離權俗稱爲漢鍾離，爲八仙之首，年紀最長，道行最高，造型的特徵是手執芭蕉扇。【東石王船祭】每年都要舉行的特殊王船祭典，八掌溪流域有許多寺廟都舉行，詳洽：嘉義縣東石鄉網寮鎮安宮，05-3451273。【三寮灣遶境】台南縣北門鄉三寮灣東隆宮，詳洽：06-7850135。【辜婦媽例祭】台南市青年路辜婦媽廟，詳洽：06-2284533。【林口趕集】、【路邊阿彌陀佛祭】、【鎮海將軍祭】、【山海鎮神祭】。
四月十六	【麻姑娘娘生】民間奉爲進寶神。【五穀爺做戲】地方性傳統的做戲請客。地點：桃園縣新屋鄉長祥宮。詳洽：03-4773866。【金山媽祖野柳做客】台北縣金山鄉慈護宮，詳洽：02-24982510。【媽祖聖父母祭】台南市永福路大天后

	宮，詳洽：06-2227194。【黑虎將軍誕】保生大帝旗下的大將，高雄縣湖內鄉慈濟宮，詳洽：07-6994154。【做牙】、【祭地基主】。
四月十七	【十殿轉輪王生】新竹市東門街東寧宮，詳洽：03-5233257。【迎媽祖請戲】台中縣龍井鄉中央路朝安宮，詳洽：04-26392234。
四月十八	【淡水敗滬尾】淡水老居民午後在門前祭祀孤魂，詳洽：台北縣淡水鎮公所，02-6221020。【華陀仙師祭】高雄縣湖內鄉慈善殿。【碧霞元君聖誕千秋】。
四月十九	【求功名啓智法會】（日期不定，請先洽詢），台北市大同區大龍峒覺修宮，詳洽：02-25928042。
四月二十	【首邑城隍祭】（日期不定，請先洽詢），準備參加聯考的考生，都會到廟中祈求考試順利，地點：台南市成功路首邑縣城隍廟。【松山迎媽祖】（每年舉辦，不過日期不定，欲參加者請先洽詢），地點：台北市松山區火車站前慈佑宮，詳洽：02-27659017。
四月廿一	【托塔天王祭】台南市安平區效忠街文朱殿天池壇。【李天君聖誕】高雄縣湖內鄉中賢村信義路慈濟宮，詳洽：07-6994154。【蘇王爺誕辰】澎湖縣馬公市中山路海靈殿，詳洽：06-9273162。
四月廿二	【李、范王爺進香期】（四月廿二至廿七），此爲五府王爺信仰中的第一個香期，地點：台南縣北門鄉南鯤鯓代天府，詳洽：06-7863711；台南縣麻豆鎮麻豆代天府，詳洽：06-5722133。【石觀音出土祭】桃園縣觀音鄉甘泉寺石觀音廟，

	詳洽：03-4732622。【李王爺聖誕】高雄市苓雅區寮安瀾宮，詳洽：07-3352378。
四月廿三	【伍恩主公祭】台南市安平區安平路靈濟殿；澎湖縣望安鄉仙史宮。【望祖廟例祭】台南縣柳營鄉果毅村鎮西宮。
四月廿四	【朱府千歲生】高雄縣湖內鄉公館村、太爺村。【一貫道老祖師聖誕】。
四月廿五	【目蓮尊者誕生】目蓮爲釋迦牟尼佛的十大弟子之一，號稱神通第一。【武安尊王千秋】。
四月廿六	【神農大帝誕辰】各地神農大帝廟或五穀廟都要舉行誦經祝壽法會，或演戲酬神。【李府千歲聖誕】台南縣北門鄉南鯤鯓代天府，詳洽：06-7863711；台南縣麻豆鎮麻豆代天府，詳洽：06-5722133。【五府千歲祭】高雄縣旗山鎮旗山代天府，詳洽：07-6103443。【風神爺祭】台南市長樂街風神廟，爲台地唯一的風神廟，每年都舉行一日醮。
四月廿七	【范府千歲聖誕】台南縣北門鄉南鯤鯓代天府，詳洽：06-7863711；台南縣麻豆鎮麻豆代天府，詳洽：06-5722133。【五府千歲過火】台中縣梧棲鎮龍安宮，詳洽：04-26392008。
四月廿八	【藥王菩薩誕辰】台南市永樂路盤古藥皇廟。【斗南寒林寺例祭】雲林縣斗南鎮寒林寺，詳洽：05-5973055，【神農大帝祭】台南縣新化鎮朝天宮，詳洽：06-5989807。

四月廿九	【新莊大眾爺夜巡】台北縣新莊市大眾廟，詳洽：02-29916678。【彰化西門百姓公祭】，彰化市西門外百姓公廟，詳洽：04-7867490。【孔德尊王祭】台南縣佳里鎮廣安宮，詳洽：06-7222519。
四月三十	【鬥蟋蟀】蟋蟀在台灣農村，是一種最常見的昆蟲，每年三月末開始出現，一直到秋收之後才會絕跡，炎炎夏季中，田間、鄉野更處處可聞蟋蟀的叫聲，台南地區，更有一種特殊的民俗遊戲——鬥蟋蟀。詳洽：風榮社區促進會：06-5987981。

蒲月的神誕與民俗祭典

農曆日期	各地神誕與祭典
五月初一	【南極長生帝君千秋】傳可帶來長壽與健康之天神。【新莊文武大眾爺祭】這天地藏王菩薩、文武大眾爺遶境出巡，整個新莊市熱鬧滾滾，俗稱新莊大拜拜，台北縣新莊市地藏庵，詳洽：02-29916678。【趙府千歲生日】台中縣大肚鄉平和街和興宮，詳洽：04-26992494。【林口趕集】、【路邊阿彌陀佛祭】、【鎮海將軍祭】、【山海鎮神祭】。
五月初二	【保生大帝飛升祭典】台北縣樹林鎮濟安宮，02-26812624；台南縣歸仁鄉仁壽宮，06-2306568；高雄縣湖內鄉慈濟宮，07-6994154。【玉皇太子誕】台南市武英殿。【做牙】、【祭地基主】。

▲端午節懸掛蒲艾，可以驅瘟避邪。

五月初三	【布袋神明遶境】嘉義縣布袋鎮復興里嘉應廟，詳洽：05-3476225。
五月初四	【王孫大使誕辰】嘉義縣鹿草鄉圓山宮，05-3751033。【三公爺出巡遶境】（連續二天），嘉義縣義竹鄉嘉應宮，05-3417387。
五月初五	【端午節】為傳統年節中三大節日之一，全國各地都有各式各樣的應景活動，最為熱鬧非凡。【中港祭江謝水神】苗栗縣竹南鎮中港慈裕宮，詳洽：037-462353，【五毒神君聖誕】台中縣大甲鎮鐵砧山劍井，詳洽：04-26784548O。【水仙尊王遶境】台北市北投區屈原宮，詳洽：02-28360250。【苗栗石母祠祭典】苗栗市北苗里石母祠。

五月初六	【回娘家・轉妹家】出嫁的女兒今天也要回娘家，和正月初二一樣。民間有「年初二節初六」的說法。【霞海城隍放兵】台北市松山區霞海城隍廟，詳洽：02-25580346；放兵之五營位置爲，東營：雙連街雙福宮；西營：甘谷街和德祠；南營：延平北路二段北門口福德宮；北營：哈密街和安宮；中營：舊市場普願宮。【淡水迎清水祖師】台北縣淡水鎮清水祖師廟，02-26212236。【馬公城隍壽誕】澎湖縣馬公市媽宮城隍廟，詳洽：06-9273724。
五月初七	【巧聖仙師誕辰】台中縣東勢鎮巧聖仙師廟，詳洽：04-25875032；高雄縣鳳山市精妙宮。【澎湖湖西眾千歲生日】澎湖縣湖西鄉林投村鳳凰殿；隘門村三聖殿；龍門村安良廟；太武村玄靈殿。
五月初八	【五府千歲祭】（每年五月間，日期不定），地點：台中縣大雅鄉員林村朝順宮。詳洽：04-25669075。
五月初九	【女媧娘娘補天慶典】地點：宜蘭縣壯圍鄉補天宮，詳洽：03-9301171。【劉世子聖誕】。
五月初十	【謝江・祭水神】「端午賽龍舟」的熱鬧景象到此告一段落，並於這天舉行謝江——祭水神，感謝水神保佑人民平安；同時也要舉行收龍舟儀式，將龍船修補好，船身入龍船厝，龍船頭則供入當地的龍山寺或水仙尊王廟，供民眾膜拜。
五月十一	【霞海城隍爺暗訪】台北市大同區大稻埕霞海城隍爺在祭典前，分兩天出巡大稻埕及大龍峒等地，訪查人間善惡，詳洽：02-25580346。

▶宜蘭縣的補天宮，是唯一主祭女媧娘娘的廟宇。（圖上）

▶補天宮女媧娘娘祭中的過火儀式。（圖下）

五月十二	【城隍廟祭】高雄縣鳳山市各里；高雄縣大樹鄉三和村。
五月十三	【關聖帝君祭典】各地關公廟今天要祭拜祝壽、演戲酬神。作生意的人當天也要備牲醴果品向關帝爺祈求生意興隆。【城隍聖誕】台南縣北門鄉南鯤鯓代天府，詳洽：06-7863711；花蓮縣玉里鎮協天宮，詳洽：03-8882252；南投縣水里鄉城中村水里義民廟，詳洽：049-2770255。【關廟關帝爺收契子】台南縣關廟鄉關廟村山西宮，詳洽：06-5952135；台南縣將軍鄉歐汪村文衡殿，詳洽：06-7850082。【霞海城隍聖誕】台北市大同區大稻埕霞海城隍廟，詳洽：02-25580346。【一貫道關聖帝君成道日】。
五月十四	【送草人】台南縣將軍鄉馬沙溝李聖宮，詳洽：06-7942215。
五月十五	【南極老人星現】俗謂見者得以長壽。【永康二王廟祭】網寮二王傳爲鄭成功父子二王，地點：台南縣永康市網寮村二王廟。【馬沙溝請火】台南縣將軍鄉馬沙溝李聖宮，詳洽：06-7931215。【康府千歲祭】台南縣七股鄉樹林村寶安宮。【林口趕集】、【路邊阿彌陀佛祭】、【鎮海將軍祭】、【山海鎮神祭】。
五月十六	【五雷元帥祭】台北縣板橋市埔墘里永和路霹靂宮（隔鄰便是中和市中原里）。【李靖例祭】台南縣將軍鄉馬沙溝李聖宮，詳洽：06-7931215。【曹王爺誕】台南市裕民街三老爺宮，詳洽：06-2231750。【做牙】、【祭地基主】。
五月十七	【蕭府大傅（蕭府千歲）誕】雲林縣麥寮鄉聚寶宮，每年都會舉辦慶典，詳洽：05-6932058。

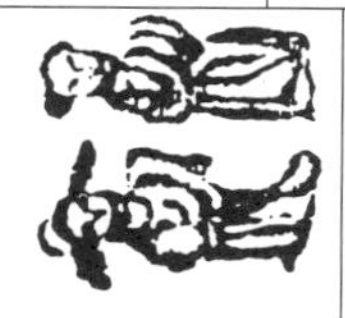

五月十八	【張天師祭】地點：台北市大同區大龍峒天師宮，詳洽：02-25956455。【孚佑帝君成道紀念日】地點：台北市文山區木柵指南宮，詳洽：02-29399922；台北市大同區大龍峒覺修宮。【霞海城隍收兵】地點：台北市松山區霞海城隍廟，詳洽：02-25580346。
五月廿一	【王得祿祭典】嘉義縣太保市王氏家廟。
五月廿七	【鹿港大將爺祭】祭祀明代大將劉綎，彰化縣鹿港鎮大眾爺廟；菜園路威靈廟。詳洽：04-7772227。
五月三十	【北港義犬將軍祭】嘉義縣北港鎮義民街義民廟，詳洽：05-3833038。【楊戩例祭日】台中縣沙鹿鎮福星里龍神宮。

荔月的神誕與民俗祭典

農曆日期	各地神誕與祭典
六月初一	【水底寮忠誠義士十五爺祭】屏東縣枋寮鄉水底寮忠誠義士十五爺祠。【林口趕集】、【路邊阿彌陀佛祭】、【鎮海將軍祭】、【山海鎮神祭】。
六月初二	【做牙】、【祭地基主】。
六月初三	【頭城韋馱菩薩祭】宜蘭縣頭城鎮吉祥路韋馱院，詳洽：039-774122。【瑤池龍華會】花蓮縣吉安鄉慈惠堂，詳洽：03-8531941；台南縣關廟鄉深坑村西台慈惠堂，詳洽：06-5952478。

六月初四	【荷花生日】農曆六月，因荷花盛開而被稱爲荷月；民間相傳六月四日正是荷花的生日。【李府千歲壽誕】台南縣新市鎮永安宮，詳洽：06-5995091。【台西張、李、莫王爺祭】雲林縣台西鄉五條港安西府，詳洽：05-6982054。
六月初五	【噍吧哖放營】台南縣玉井鄉玉井村忠烈祠，詳洽：06-5740517。【高雄聖宮媽祭】高雄市苓雅區萬應公廟，詳洽：07-3343518。
六月初六	【開天門補運】全國各地寺廟都會舉行法會，以供民眾祈求補運，民眾也可在自家舉行。【天貺節】又稱曬經日，家家戶戶都把書籍、衣物搬出戶外，置於陽光下曝曬。【楊泗將軍祭】爲掌管水利之神。【玉井余清芳祭】爲紀念噍吧哖事件的志士，台南縣玉井鄉忠烈祠，詳洽：玉井國小，06-5740517。【虎將軍誕辰】台南縣北門鄉南鯤鯓代天府，詳洽：06-7863711。【城隍廟補運】澎湖縣馬公市城隍廟，詳洽：06-9273274。【馬公伏魔將軍祭】澎湖縣馬公市菜園里將軍廟。
六月初七	【池王爺香期】六月上旬到六月十八日，爲池府王爺進香旺季，地點：台南縣北門鄉南鯤鯓代天府，詳洽：06-7863711；地點：台南縣麻豆鎮麻豆代天府，詳洽：06-5722133。【三仙公廟例祭】地點：台南縣將軍鄉農會，詳洽：06-7942201。
六月初八	【口湖牽水轙】祭拜道光年間三千名死於大海難的亡魂，爲規模最大的牽水轙法會。地點：雲林縣口湖鄉金湖舊港邊萬善祠，詳洽：05-7971840。

◀夏季是迎城隍的季節，各地都會舉辦相關的活動。

膏澤優渥

六月初九	【北門祭遊巡王】（六月中旬），是典型瘟神崇祀的延伸，這是台灣最小規模的王爺祭，僅以焚金紙代替送王船，卻同樣也有送瘟祈安的功能。詳洽：台南縣北門鄉永隆宮，06-7862364。
六月初十	【安西府王爺例祭】雲林縣台西鄉五港村中央路安西府。
六月十一	【田都元帥生】南管戲派藝人與布袋戲班隆重祭祀，地點：宜蘭縣蘇澳鎮田都元帥廟；彰化縣鹿港鎮大有里車圍巷玉渠宮；高雄縣鳳山市田南宮。
六月十二	【彭祖祭日】彭祖是民間信仰中，壽命最長的神祇，俗信今日會有暴風雨爲彭祖賀壽。【廷天溪女娘娘誕辰】台中縣清水鎮新興路清彩雲天宮，詳洽：04-26224156。
六月十三	【井泉龍王生】井泉龍王爲水井的守護神。【王母娘娘顯聖下降紀念日】花蓮縣吉安鄉聖安宮，詳洽：03-8323306。
六月十四	【鹿港王芬大哥祭】彰化縣鹿港鎮福靈宮，詳洽：04-7771011。
六月十五	【半年節】昔日有吃半年圓仔，以祈補運的習俗。【城隍尊神祭】台中城隍廟，詳洽：04-22114652；彰化城隍廟、南投縣竹山鎮城隍廟、南投縣埔里鎮城隍廟、高雄縣鳳山市城隍廟。【雷府千歲收契子】台南縣鹽水鎮大眾爺廟。【頭城王靈官祭】宜蘭縣頭城鄉拔雅路喚醒堂。【一貫道夏祭大典】台南縣南化鄉寶光聖堂，06-5772290。【神醫樹王公生】台南縣山上鄉南州村開靈宮。【林口趕集】、【路邊阿彌陀佛祭】、【鎮海將軍祭】、【山海鎮神祭】。

六月十六	【鹽水祭周倉爺】台南縣鹽水鎮周倉廟，詳洽：06-6252398。【台南小城隍祭】台南市關山路小城隍廟，詳洽：06-2253470。【池王爺上白礁】台南縣麻豆鎮海埔池王爺廟，詳洽：06-5701256。【做牙】、【祭地基主】。
六月十七	【後壁崁頂射火馬】台南縣後壁鄉崁頂庄起，至原沼澤地的大樹附近，祭拜冤魂，並以「射火馬」慰藉在天之靈，沿俗迄今。詳洽：台南縣後壁鄉崁頂村辦公處，06-6621207。【鹿港三位夫人媽例祭】彰化縣鹿港鎮天后宮後鳳朝宮，詳洽：04-7777028。【盤古大王生】台南縣玉井鄉竹圍村盤古大王廟。
六月十八	【池府千歲誕辰】台南縣北門鄉南鯤鯓代天府，06-7863711；台南縣仁德鄉保生宮，06-2666425；高雄市鳳林宮，高雄縣鳳山市鳥松八隆宮；台中縣大雅鄉永興宮，04-25661627；台中縣太平市玉林宮，04-22750049。【海埔池王府請水活動】池府千歲誕辰日前的週日上午，地點：台南縣麻豆鎮西郊的海埔池王府，06-5701256。【騰風元帥祭】台南縣七股鄉後港村堂安宮。
六月十九	【觀世音菩薩得道日】全台各地觀音佛寺皆有盛大祭典，民間例於此日爲孩子求「觀音絭」，以祈平安長大。已求有「觀音絭」的孩子，也要在這一天到奉有觀世音菩薩的佛寺換絭。【新圍仔新寶宮廟慶】台南縣北門鄉新圍仔新寶宮，詳洽：06-7864562。
六月二十	【義民爺奉飯開始】新竹縣新埔鎮枋寮的義民廟，每年農曆六月二十日義民節分別由十五大庄輪值。值年地區必須在一個月前到義民廟將義民爺恭迎回本庄，

每日備家常飯供奉服侍，是爲「奉飯」，爲客家民俗中，最特殊的一項，詳洽：03-5882238。【關聖帝君聖誕祈安植福禮斗法會】（六月廿至廿四日），台北縣新莊市武聖廟，詳洽：02-29913822。【楊府千歲例祭】台南縣將軍鄉將貴村興安宮。【五王誕辰】由澎湖縣望安鄉將軍村的將軍廟、永安宮、天后宮共同祭祀，詳洽：將軍廟，06-9902378。【吳大將軍祭】高雄縣六龜鄉新發村新開安平頂吳大將爺廟。【元始天尊誕】。

▲義民節奉飯為客家民俗之一。

▼建醮法會的進行，依例由道士主導。

六月廿二	【祭蟲王】在過去經常蝗蟲成災的世代裡，祭蟲王是夏季例行的重要祭典，但台灣的蟲王信仰並不普遍，僅台北地區視保儀大夫爲驅蟲逐疫之神。
六月廿三	【火德星君祭】台北縣的消防隊都會舉行祭典，另在台南縣白河鎮關仔嶺水火同源洞也有祭祀活動，詳洽：台南縣新市鎮永安宮，06-5995091；台南市建國路東嶽殿，詳洽：06-2202322。【和義軒戲神慶】台北縣淡水鎮和義軒，子弟聚集曲館拜戲神。
六月廿四	【關聖帝君祭】各地的關聖帝君廟均有祭典。地點：台北市行天宮，02-25031831；台北縣三峽鎮行修宮；宜蘭縣礁溪鄉協天宮，039-772050；台南縣關廟鄉山西宮，06-5952135；屏東縣車城鄉統埔村鎮安宮，08-8823032。【西秦王爺誕】西秦王爺爲戲神，傳統戲班及子弟團都要隆重祭祀，基隆市更有出巡遶境活動，詳洽：基隆市媽祖廟，02-24247708。
六月廿五	【冬山三山國王祭】宜蘭縣冬山鄉振安宮，詳洽：03-9593545。
六月廿六	【朱府千歲壽誕】高雄市小港區大林浦鳳林宮，詳洽：07-8712925。【林五歲爺生】高雄縣旗山鎮大德里。
六月廿八	【易牙先師祭】高雄市餐飲業者例祭行業祖師，詳洽：高雄市廚具爐具運送職業工會，07-7153761。
六月廿九	【烈婦祭】祭祀清代烈婦黃寶姑，詳洽：台南市青年路辜婦媽廟，06-2284533。

立夏驅瘟祛邪煞

——夏天的民俗與祭拜要點

台灣夏季氣候變化極為明顯，炎熱的氣溫和綿綿不絕的梅雨、颱風，以及水患肆虐，時常招致瘟疫橫行，受到環境影響的民間信仰活動，多以驅除瘟疫和風土病為主。

在民間傳統中，四時節氣和民俗活動向來有著密不可分的關係，四季更迭，不同的氣候與環境，都會產生不同的歲時節俗，時序到了農曆的四月份，雖然還留有一點點春天的尾巴，但台灣各地的天氣已經相當炎熱了，加上綿綿不絕的梅雨，氣候的變化，在

這個季節顯得特別明顯。而隨著天氣一天比一天炎熱，所有的萬物都有不同的變化，讓人們對這個世界充滿期待，莊嚴肅穆可消災解厄的浴佛節大典，就說明了人們心中的渴望。

夏天，對大多數人而言，是怎樣的一個季節呢？愛與懼怕交織？還是有更不同的想法？對於民間信仰來說，夏季大概只能用兇猛來形容，不僅在這個季節神誕的主神，都是武功高強的武神，民間主要的祭祀活動，也以驅瘟祛邪煞爲多，可見民間信仰受到環境的影響極大。

台灣地處亞熱帶，夏日裡經常是瘟疫橫行、颱風水患肆虐，而這氣候變化，也深深地影響不同地方各種獨特風俗的舉行，炎炎夏日中民俗活動如火如荼的展開，象徵趕走瘟疫的西港燒王船、活動琳瑯滿目的端午節、饒富社區意義的犁頭店木屐賽、台北市

▲台灣的夏天，氣溫變化非常明顯。

▲浴佛節主要的目的，是在慶祝釋迦牟尼佛的聖誕。

最重要且最盛大的霞海城隍祭、獨特的台南鬥蟋蟀、保佑孩童平安長大的義犬將軍祭、玉皇大帝親民日、要吃半年圓的半年節、普渡眾生救苦救難的觀世音菩薩祭、三教九流無不崇拜的關聖帝君祭……等，爲炎熱的夏季增添更多民俗色彩，另外還有擲筊和籤詩的小常識要介紹給各位哦！

浴佛節

浴佛節亦稱灌佛節，也叫洗佛節，是爲慶祝釋迦牟尼的生日而來的。

浴佛是佛教的祭祀儀式之一，隨佛教傳入中國，南宋孟元老撰《東京夢華錄》載：「四月八日佛生日，十大禪寺各有浴佛齋會，煎香藥糖水相遺，名曰『浴佛水』」；梁宗懍著《荊楚歲時記》謂：「……四月八日，諸寺各設會，香湯浴佛，共作龍華會……。」

▲西港燒王船時，常吸引絡繹不絕的人潮。

用香湯浴佛之禮，源自於出生嬰兒的洗浴，且人們相信，洗佛之甘草茶，飲之能治百病。台灣自初拓以來，便很重視這項風俗，日本時代，每年都在台北新公園舉行盛大的浴佛大典，完後並遊街遶境。戰後由於政府提倡節約拜拜，後來僅剩寺廟自行舉辦的浴佛大典，南北許多寺廟每年仍舉行盛大的浴佛活動。

浴佛的意義原是慶祝佛陀的誕生，但現代人更在乎的往往是浴佛所用的香湯，可消災解厄，袪疾除疫，因此每個人都想帶一點回家，下次有機會去浴佛時，不要忘了要自備一個小的容器哦！

西港燒王船

送王船原意是「送瘟」，即趕走瘟疫、逐疫驅癘的意思，但隨著時間流轉，送王船的意義也加以轉化，演變成庇佑百姓子民的吉

祥神器。

西港慶安宮三年一科的送瘟禳醮大典，乃聞名全台的送十二瘟王王船祭，燒王船之前會舉行三天的刈香活動，遶境台南縣西港鄉、七股鄉、安定鄉、佳里鎮和台南市安南區等七十八個村庄，參與的陣頭達五、六十陣，並有浩大的蜈蚣陣開道，為西南沿海地區最盛大的王爺祭典。

舉行過隆重的王醮後，最末一天上午，王船由廟方執事人員開水路，在眾善信們的牽引下，萬千信眾競相簇擁王船的景象，令人感動萬分，就這樣王船一路緩緩被拖到曾文溪畔，吉時一到，恭迎王爺上船，點燃炮火，王船便在熊熊烈火中遊天河去了，場面非常壯觀，令人久久難忘。

西港燒王船是最重要的除瘟祭儀，送王船之前的遶境儀式，都會有蜈蚣陣出巡，許多民眾都認為鑽過蜈蚣陣的腳下，可袪除疾

▲蜈蚣陣是王爺祭典中常見的活動。

病，更可避免惡疾纏身，如果您也覺得有需要的話，也不妨試試看，此外如果其他親人無法前來，還可以用他穿過的衣服代替，聽說效果非常不錯呢！

端午節防瘟疫

端午節也就是五月節，在台灣有各式各樣的民俗活動，像是包粽子、配香包、划龍船、午時水、豎雞蛋……等等，每一個活動都相當熱鬧，人們也都歡欣鼓舞地慶祝這個節日，然而，熱鬧歸熱鬧，歡樂歸歡樂，愈來愈多人卻不了解五月節的意義，甚至連五月節要準備什麼東西拜拜，要拜什麼神，要怎麼拜祖先都不知道。

端午節的端，代表開始的意思，午指炎熱之意，一天中的午時是指中午十一點到下午一點，正是一天中最炎熱的時間，因此端午本來就是傳統歲時節俗中，提醒人們炎熱的

▲端午節划龍舟的目的，也在於驅除瘟疾。

夏天即將到來，人人要注意防範瘟疫流行的節令，主要的活動，大多是跟驅除瘟疫或風土病有關，香包、午時水、雄黃酒……，都是爲了驅瘟袪疫而衍生出來的習俗。農業社會時代，家家戶戶都要清掃環境，水溝廁所都要徹底清理消毒一番，屋子外面還要灑一圈石灰，除了可以防止瘟疫發生之外，也可以防止夏天最爲活躍的毒蛇入侵。

選擇在五月五日，代表夏天的開始，舉行驅逐惡疫與流行病的相關活動，顯然是因爲數字中的五，是由小轉大的關鍵。古早人們的數字觀念，以一爲極小、九爲極大，單數屬陽、雙數屬陰，民間行事都選擇單數，而五正是從小轉變爲大的關鍵，也可以解釋爲由春天進入夏天的開始，因此古人也以五月五日做爲避夏之始。氣候炎熱卻又潮濕的台灣，一直都是風土病流行的地方，如何防止夏天各種疾病的流行，的確是一件相當重要

的事；至於划龍舟，自古以來，就是政治附會的活動，屈原的傳說，顯然是一則政治神話。

端午節的祭祀活動，主要是以附近寺廟以及家中供奉的神明爲主，但由於端午是傳統台灣人一年中最重要的三大團圓日，因此歷代祖先也要一起團圓，於是要特別隆重祭祀祖先。早期台灣社會物資匱乏，過年過節要拜神又要祭祖，如果每種祭祀對象，都要準備一種祭品祭祀，大多數的家庭都無力負擔，因此民間祭祀也就衍生出了一種習俗，就是拜過天神的祭品，可以用熱水燙過後再拜地祇；拜過地祇的，重新煮過後可用來拜祖先，如此便可節省許多祭品。

端午節祭神或祀祖，祭品用三牲或五牲均可，加上水果、清茶、酒水之外，還要有粽子，以及菜頭粿或發粿，燒給神明的金紙可用大壽金、壽金、刈金或福金組成的四色

▶霞海城隍祭是台北市最盛大的民俗祭典。

▲犁頭店木屐競走，表現了濃厚的人情味。

金，也可以只用壽金和刈金；至於祭拜祖先，也可以用同一付牲醴，但要重新燙過或煮成菜碗，金紙則用刈金和大銀。

端午節既要拜神，又要祭祖，因此一大早就要拜神，拜完後把那些祭品煮成一碗一碗的，可用來祭祖，祭拜完祖先，那一碗碗的菜飯，直接端上桌就可以吃了，完全沒有忌諱，主要是因爲人和祖先相當親近，本來就是一家人。

同樣是拜菜碗，但如果是拜地基主的，就少有人直接端上飯桌上食用了，大多要重新倒入鍋中燙煮一番，再起鍋食用，這點也充分顯示出人和孤魂野鬼之間的疏離關係。

犁頭店木屐賽

台中市最早開發的地區是南屯的犁頭店，這裡原是平埔族人舊社的所在地，漢人入墾之初，帶進來了漢人的農耕技術，卻因缺乏耕種器具，於是開始有人在街上以打鐵造農具爲業，由於墾拓者眾，不久打造農具的商店如雨後春筍般出現，形成了一個專賣農具的地區，犁頭店因而得名。

清雍正九年（一七三一年），犁頭店已成爲台中地區最繁榮的市街，巡檢司也設在這裡，地方上傳說當地屬穿山甲穴，由於穿山甲身上的鱗狀似龍紋，因而被視爲靈獸，每年春天過後，居民爲了要叫醒還在冬眠的穿山甲，都要特別選一天，大家穿上木屐來回重踏地上，用巨大的聲響來驚醒牠。

太平洋戰後，隨著社會急速變遷，犁頭店的木屐活動也由每年擇日，改爲統一在端午節舉行了，此外爲了使活動更有趣，吸引更多人的參與，活動所用的木屐，也改用一塊長木板，上設四個鞋環，把兩塊長木板併在一起，比賽則是臨時找四個人一組，也就是團隊長木屐競走比賽，完全考驗著隊員的默契與團隊精神。這項原本只是小地方的民俗活動，經過一九八〇年代首次報導後，愈來愈多的人看見這項活動生動的意義，到了一九九〇年代以降社區意識流行，這項活動已成爲台地端午活動中，最具社區特色的表徵了。

犁頭店的長木屐競走，嚴格說來並無什麼特殊之處，但是參與者都是同一社區的人，所以比賽中總呈現賽內賽外打成一片的情形，濃厚的人情味在此時表露無遺，更深入來看這項活動，它的起源來自這塊土地的開拓，包含了無數人們的心血與期待，堪稱是一項饒富意義的社區民俗。

霞海迎城隍

農曆五月十三日，爲一年一度的台北霞海城隍祭，自古以來，都是台北市最重要且最盛大的民俗祭典，即使到一九八〇年代之後，隨著都市結構的改變，多數迎神賽被迫取消或淪爲地域性的活動，但迎霞海城隍，仍是大同區人民，一年一度最重要的祭典。

霞海城隍主祀的城隍爺，乃是水鬼行善心，不去害人，最後被玉皇大帝敕封爲城隍爺的，爲了和一般的城隍爺區隔，乃加上霞海兩字。祭典從兩天前的暗訪熱熱鬧鬧的展開，至城隍聖誕日，台北市大部份的子弟班、陣頭和神輿以及扮相特殊的家將團，共同參與城隍出巡的盛大活動，日本時代的祭典，霞海城隍精美的「藝閣」，更曾名震全台，可惜已經看不到了，但在轎前輿後仍有許多戴枷隨行的民眾或手執掃帚替城隍爺掃路以求自我救贖者，也就是祈求城隍爺赦免罪惡的人，迎神的盛況相當可觀。

鬥蟋蟀

「鬥蟋蟀」是我們時常聽聞，卻從不熟悉

的民間傳統娛樂。台灣鬥蟋蟀的風氣在日本時代已相當盛行，但因聲光媒體的興起而一度無疾而終，幸而一九八〇年代以降，台灣南部又興起一股蟋蟀熱。

仲夏季節，台灣西南沿海一帶常可見鬥蟋蟀的情景，簡單的鬥法，只要擺二塊磚頭，或挖個小溝便可吆喝上半天，二隻蟋蟀對咬廝殺，非鬥個你死我活不可，人們在一旁緊張加油，形成一幅有趣的畫面。

鬥蟋蟀較具規模的比賽場地多在台南，尤其新化鎮豐榮里的場面最為盛大，已發展出獨特的「蟋蟀文化」，每年都舉行盛大的比賽，吸引無數人參加，此外，其他地方每逢假日，也有或大或小的比賽，端午前後的週日不妨前往採集湊熱鬧。

義犬將軍祭

台灣的民間信仰中，不少義民廟或有應廟配祀有義犬將軍，如在「林爽文事件」隨義軍戰亡的雲林縣北港鎮義民里「義民廟」、嘉義市公明路「忠義十九公廟」，以及隨主

▲拜拜所用的各色金紙，以謝籃盛裝，以示隆重。

人長埋墳塚中的台北縣石門鄉乾華村「十八王公廟」。

十八王公廟在「大家樂」盛行期間出盡風頭，分靈廟遍及全台；但此廟中的狗，生前並無特殊的功蹟，而爲典型的陰神；反倒是嘉義「忠義十九公廟」與北港「義民廟」奉祀的義犬，傳說都是林爽文事件的殉難者。

農曆五月三十日是北港義民廟的祭日，人們祭拜狗是因爲祂的忠義與守護精神，因此有許多父母都會讓孩子拜義犬將軍爲契父，祭典時攜帶一件衣服去神前換一件別人放的衣服給孩子穿，可保佑平安健康地長大。

開天門補運

農曆六月，年已經過了一半，新年期間儲備的喜悅與希望逐漸淡薄，再加上天氣日益炎熱，彷彿許多事情都不怎麼順利，因此很多人的內心開始不安，生活愈顯浮躁，爲了讓芸芸眾生能夠再一次凝聚希望與打拚的力量，於是有了六月六日開天門的習俗。

民俗信仰中，六月六日爲天門大開之日，

▲崁頂村的居民祭拜大樹公，以普施孤魂野鬼。

也就是玉皇大帝打開天門，俯視民間疾苦，接受人民訴願的日子，善男信女們在這一天的晚上，可以聚集到寺廟或者自己家的前院中，敬備牲醴、香燭，徹夜祭祀玉皇大帝，祈求上蒼能夠垂憐人民，息災補運，賜福人間，而各地的主要寺廟，也會爲善男信女們舉行開天門的法會，請得道高僧或者修行法師爲爐下眾弟子誦經植福、消災解厄。

除了消災解厄之外，民眾更希望能藉著天門大開的機會，祈求補運。其實台灣民間「補運」的風氣向來興盛，每逢初一、十五，許多善男信女們都會到寺廟，準備米糕（油飯）、桂圓乾、煮熟的蛋以及草紮或紙剪成的「替身」，進行補運的儀式，而六月六日這一天，由於是玉皇大帝直接面對黎民百姓的日子，民間認爲補運更爲有效，因此也就形成了人人競相祈求補運的景觀了。

可視爲玉皇大帝親民日的六月六日，有心祈求消災補運的人們，可備頂極金、天公金、壽金、刈金以及福金所組成的五色金，同時還要敬備一對大蠟燭，備三牲或水果皆可，最重要的是米糕（油飯）、桂圓乾以及水煮的雞蛋，數量要跟祈福的家人人數一樣，到寺廟中祭祀天地眾神。

祭祀時，一定要點燃代表前程光明以及溫暖的大蠟燭，且一整夜都不能熄滅，用香膜拜後，必須點香插在米糕上，有人虔誠守候到天明，也有人待香燒過半後，便可以帶著家人的衣服，到祭解的地方，請法師幫忙用替身帶走糾纏在自己或家人身上的厄運。

其作法很簡單，法師大多只是邊唸咒，邊用替身在解厄者身上以及手拿的衣服上下晃動，最後被解厄者要吐一口氣在「替身」身上，代表吐出穢氣，及一切不吉祥的東西，請「替身」帶走，之後就可以回到祭祀的米糕旁，拔掉插在上面的香，再一一把煮熟的蛋以及桂圓乾剝殼，表示脫殼去霉運，再一一拈黏在米糕上，代表同享福澤，這些米糕、蛋以及桂圓乾，必須帶回家分給每個人吃，民間相信如此便能讓每個人都去厄除霉，消災補運。

如果不方便去寺廟的人，也可以在自家的前院或者前陽台擺設香案舉行，儀式大體相同，但香案必須從入夜之後一直擺到第二天天明，人們便藉此補了運。

半年節

「半年節」顧名思義，指新年過一半的意思，清代時期，一般人家都要準備牲醴祭神祀祖，以感謝上蒼及諸位神明在過去半年來的垂祐愛顧，漳州籍福佬人還要製作湯圓，稱作「半年圓仔」，等到和三牲四果一起祭祀祖先之後，全家就可以團圓共食，以慶祝過了半年。

半年節祭祀使用的金銀紙，祭拜土地公和神明時用三色金和四色金，祭拜祖先則用福金（土地公金）、壽金、刈金、大銀，不過在太平洋戰後，半年節的習俗漸漸被人們所忽視，一九八〇年代中期以降，傳統的半年節俗已經絕跡，「半年圓仔」更不復見到了。不過在此，我們還是將「半年圓仔」的作法，提供給大家，下一次再過半年節，有心的朋友也可以煮一鍋「半年圓仔」，重新體會早已遺忘的節俗樂趣。

昔日製作「半年圓仔」，首先要將糯米浸水，用石磨磨成米漿，然後裝入棉袋中，再把棉袋放在長板凳上，以扁擔夾住擠壓瀝乾；近代在家中製作時，可以使用果汁機來代替石磨磨糯米，裝入棉袋後，再把棉袋放進洗衣機中脫水瀝乾，最後加入紅色染料的「紅花膏」，揉成一粒粒的小米丸，再煮熟加糖像煮甜湯圓般，「半年圓仔」便完成了。

放火馬解冤仇

屬於移墾型態的台灣社會，在漫長的墾拓歷史中，來自不同祖籍，來自不同血親關係，甚至不是同一艘移民船上來的人們，爲了能在艱困的環境中活下來，彼此之間產生激烈的競爭，其實是在所難免的。而在激烈競爭的過程中，爲了取得更好的生存條件，不同族群不同的家族之間，爆發衝突以至於爆發大規模械鬥，也是在所難免的事。

台南縣最北境，位於八掌溪南岸的後壁崁頂村，不過是嘉南平原上一個非常普通的小漁村，卻因爲清代末期，一次治安不良事件，和八掌溪北岸的嘉義市西光里路的湖仔內庄，發生一次嚴重的械鬥事件，造成許多人員的死亡，事後地方爲求安寧，於後年年皆以放火馬的儀式，做爲慰藉戰死亡靈的活動。由於儀式特殊，並且形成特殊的歲時節

俗，相對的，也使得這個不怎麼起眼的小漁村，受到民俗研究者的矚目。

一直都是個典型農庄的崁頂村，因位居八掌溪南岸的高地而得名，清代初期便有姓黃的先民在此開墾，至二十世紀末期村中大部份的居民也都姓黃。村中原有池王府，主祀池府王爺，爲村人共同的信仰中心；後來村中卻只有一座廟貌堂皇的勸善堂，原來這就是奉祀池府千歲的王爺廟。廟名爲勸善堂，則跟清代末期和嘉義湖仔內居民的械鬥有關。

根據地方父老的傳說，清代末期，地方上仍有許多盜匪猖獗，組織小者打家劫舍，規模大者甚至公然搶庄！有一次崁頂人風聞，溪北岸的嘉義市湖仔內人，因遭到水患，農地被流失，生活無法爲繼，計畫南渡建立新村莊，他們看準了人單勢孤的崁頂，正在密謀之際，被崁頂人發現了，於是請示池王爺該如何因應，池王爺乃指示村莊入口的大樹公負責佈陣，又要居民在大樹公前的下陷沼澤地佈置許多稻草人，不久湖仔內人果然大舉入侵，發現沼澤地上的稻草人，以爲是寬闊的良田，紛紛擁入據爲自用，沒想到卻全都陷入泥沼中不能自拔，許多人因此喪生，少數餘生者，趕忙撤回溪北，再也不敢南下！

械鬥事件結束後，原來平靜的澤地，卻屢屢傳出不祥之說，而庄民在沼澤地中抓泥鰍或土虱時，經常發現躲在人頭骨中的土虱最肥美，地方上甚至還有相關的諺語流傳，地方人士漸感不安，再次請求池王作主。池府王爺爲表示對冤魂的悲憫，令村人將村廟改名爲「勸善堂」，同時表示：「池王有得吃，冤魂也一定有得吃。」，自此以後，每年池王爺壽誕日的前一天，也就是六月十七日，全村人早上到廟中祭祀過池王爺後，午後必定到村庄入口的大樹公前，祭拜樹王

▶放火馬既能增添熱鬧的氣氛，也可以娛靈和慰靈。

公，同時家家戶戶還要準備隆重的祭品，普施所有葬身崁下沼澤地中的孤魂野鬼。

崁頂人除了普施孤魂野鬼，爲了表示熱鬧的氣氛，同時告慰死者在天之靈，還要特別準備幾匹全身用紅紙糊成的火馬，每一匹馬身上，則裝有不少沖天炮，於普渡到一個段落後，村人興高采烈地燃放火馬，經費允許的時候，還可能準備一隻特大的馬，並請鹽水蜂炮的師傅，將馬身上摻滿五彩的蜂炮，燃放時，五彩的火光以及多變的圖案，依舊相當吸引人們的目光。

嚴格說來，放火馬原本只是一種助熱鬧的活動，村民們認爲如此更能夠讓那些死難的亡靈，在享受村人準備的豐盛祭品之餘，乘著火馬飛抵西方極樂世界，也有人認爲只是藉此放火馬的活動來助熱鬧而已，當然也有娛靈以及慰靈的作用，不同的說法，都是可以被接受，也是被村民認同的，而信仰的目的，就是要讓人們在認同的過程中，取得心靈世界的安寧。因此，放火馬不只是崁頂地方一年中最重要的慰靈儀式，更因其特殊性，而彰顯出地方民俗無可取代的價值與意義！

放火馬之後，村人把火馬扛回廟前，趁著晚上全村人共同歡聚的聯歡活動中，裝上沖天炮，再一次享受放火馬的歡樂與喜悅，直到夜半，人、鬼、神同歡的氣氛，依舊在村中每個角落洋溢著。

觀音佛祖祭

普渡眾生，救苦救難的觀世音菩薩，是台地居民篤信的神祇，台地奉祀觀音佛祖的廟宇眾多、香火鼎盛，觀音佛祖一年有三個重要的例祭日，分別是三月十九日的誕生日、六月十九日的得道日、九月十九日的出家紀念日。

例祭日中最重要的是三月十九日的觀音佛祖誕，善男信女除了準備壽麵、生果、素食祭拜外，更準備紙紮的「替身」，或用桂圓、米糕到觀音殿前進行補運法事，爲自己或家人驅邪除穢，掃盡霉運，祈求觀音佛祖息災降福。

六月十九日是觀音佛祖得道日，各地奉祀觀音的寺廟都搭設「觀音壇」，延請和尚、尼姑誦經祈福，由於觀音佛祖屬於佛教的神明，我們若要去祭祀，其實只要準備水果或素果便可，觀音因救世而降生，必定不喜歡善男信女們過度鋪張浪費，此外，民間也相傳觀音可送子，因此，希望懷孕的婦女深信這一天向觀音佛祖求子最爲靈驗，更有許多人將孩子送給觀音佛祖爲「契子」。

關聖帝君祭

關聖帝君即古代三國蜀漢名將關羽（字雲長），與劉備、張飛桃園三結義，輔劉復漢，原是一代武將，因其忠孝節義而深受民間崇拜，稱其「恩主公」。

關聖帝君在民間信仰轉化下，具有多重身份，道家視爲義薄雲天的武聖、武財神；儒家尊爲文衡帝君，屬五文昌之一；佛教徒則稱其歸依佛教，稱爲護法爺、伽藍神。上至帝王下至庶民、三教九流無不崇拜，各地皆見奉祀關聖帝君的寺廟。

關聖帝君的祭典儀式較具儒家氣息，宜蘭礁溪協天宮的春、秋二季舉行隆重的釋奠之禮，可爲代表，六月廿四日是關聖帝君例祭日中最受重視的節日，祭祀規模最大，小學生扮關家軍跳武佾舞，莊嚴隆重下不失童趣，頗爲可觀。

關聖帝君除了是武神，是恩主公外，更被視爲財神，主要是祂爲五路財神之首，民間常見的五路財神神像，坐在中間大位的就是

關聖帝君，其他諸財神都要聽祂號令，人們當然要多敬祀祂幾分了。

無論到廟裡或祭拜家中的關聖帝君，只要準備三牲、水果、茶和酒，再加上四色金便可，也有人敬備壽桃和壽麵，數量多寡並沒有一定，甚至這只是現代人爲表現對關聖帝君崇祀的虔誠心意而已，過往都只有寺廟備壽桃、壽麵爲關聖帝君暖壽，民間家家敬奉並不需要如此大禮。至於祭祀時間宜選擇上午，過了中午以後便屬陰了，不適合拜神明，祭拜的程序簡單隆重爲宜，先點燭、獻茶酒及上香之後，最重要的是要向關聖帝君說明慶賀壽誕之意，擲筊獲得聖筊，表示神明欣然接受後，如果另有祈求，則可以接著向關帝君說明，當然也要擲筊，以求得關聖帝君的應允，待香燒過半後，就可以燒金，燃放鞭炮，並且第三次獻酒，同時請示神明享用完畢後，便可以撤供了。

▲祭祀關聖帝君，宜選擇上午，儀式簡單隆重即可。

擲筊與籤詩

大多數的人們都有到廟裡拜拜的經驗，一般單純的祭祀，可能比較簡單，但如果有事要向神明祈求或請示，廟裡卻沒有童乩或靈媒時，信眾們只能透過擲筊，才能了解神明的旨意，因此筊可說是傳遞神明旨意的媒介，但問題是，現代社會有愈來愈多的人，不了解擲筊到底會出現哪幾種情形？哪一種筊才算擲有筊呢？如果要神明指點迷津，那麼又該如何求籤呢？求到的籤詩又要如何解讀呢？有鑑於大家對擲筊和籤詩的疑惑，甚至弄不清楚，所以我們將介紹給有心的朋友們做參考，首先我們來看看有關擲筊的方法：

筊又俗稱「杯」，最早是用兩片蚌殼製成，後改用樹根或竹根製成，現在廟宇有的則是以塑膠材料製成，不過心誠則靈，神明是不太在乎材料的，筊共有兩塊，外型爲新月狀，大小並無限制，一般家庭用的較小，長寬約一、兩寸而已，寺廟公共用的筊較

▲社會進步之後，抽籤的方式也擺脫了傳統，以嶄新的姿態呈現。

大，甚至長達七、八寸，兩隻成一對的筊，必定有一面是平的，另一面隆起成半圓型，平的那一面通稱為筊面也稱陰面，隆起的則稱為筊蓋，亦稱陽面，寺廟平時都會把筊擺在神佛的供桌上，專門供信徒們向神明請示禍福之用，並由筊的陰陽面來斷凶吉。

至於擲筊的方法，並不是隨便擲在地上而已，民間俗信認為如果沒有一顆虔誠的心，神明是不會加以

▲到廟裡去拜拜，幾乎是每一個人都有的經驗。

回答理會的，首先要向神佛點香燭膜拜，向神明稟明擲筊的因由，是什麼事想請示神明之意……，再拿起神桌上的筊雙手合掌誠心參拜後，再經香爐的香煙巡繞一次後（如果是重大之事，也有人會巡繞三次以求慎重），再把筊投擲在地上，這就是擲筊了。

擲筊情形則有「聖筊」、「陰筊」、「笑筊」三種，分別代表三種不同含意，聖筊的筊是呈一正一反，表示神明許諾，也就是俗話說的「卜有杯」的意思；陰筊的兩個筊則都是反面，代表的意義有二，一是表示神明不置可否，不願回應，二則表示反對的意思，無法同意所求之事，當然就「卜無杯」了；另一種情形是笑筊，兩個筊都是正面，表示神明認為吉凶參半，信徒必須再將祈事因由詳細稟明，或者改換奉獻的物品，再繼續擲筊，直到神明有進一步指示，也就是能分辨清楚是聖筊或陰筊，等到滿意的答案為止。

除了個人想請神明指點迷津外，民間信仰中也有一些事情是一定要擲筊請示神明旨意的，家庭的祭祖或祀神，就要擲筊請示祖靈或者神明是否降臨？祭典結束前，也要擲筊詢問祭品是否已享用完畢，能否撤饌送神？另外有關廟方的擲爐主和乞綵，也都要擲筊以得到聖筊的多寡來決定。

台灣的大小廟宇或者神明會，每年在固定的時間都要選出新的爐主和頭家，來負責未來一年的事務，所以選舉的方式就是請有意競爭的人自己去擲筊，或者由廟的管理員和舊的爐主，一人按照繳交福份錢（或丁口錢）的名單唱名，一人擲筊，每得一聖筊，在旁的信徒便大喊「一筊」、「二筊」、「三筊」……，最後以得筊最多者當選新的爐主，第

▲拜拜求籤都應持理性的態度，千萬不可以執著迷信。

二名以後至若干名則擔任頭家，以協助爐主處理廟的祭典、請戲、收募福份錢等工作。

乞綵又稱乞彩，也是民間至二十世紀末期仍相當盛行，由擲筊決定得主的民俗活動之一。所謂綵，乃是八仙綵的簡稱，許多地方性的角頭廟，每逢神明壽誕之期，經常會準備許多八仙綵在廟中，有些綵上還掛有數百元至數千元不等，稱爲綵金。八仙綵和綵金都會依照信徒的意願，依擲筊的筊數，將綵乞回家中，相傳乞得綵者不但象徵會有好彩頭，未來的一年更會得到神明保佑而鴻圖大展呢！

然而，擲筊這個儀式，或許有些無神論者會認爲純粹是數學上的機率，根本可以用科學方法算出，但在民間信仰中，這卻是人們對神明以及未來的一種敬畏心理，所謂「舉頭三尺有神明」，人們相信人在做，天在看，當然要先知道神明的旨意，而且相信也沒有人敢拿爲非作歹的壞事來請示神明的！

善男信女們遇到難題，需要求助神明以得答案，除了像是非題的擲筊之外，彷如選擇題的求籤也是一種途逕，但同樣的道理，籤也不是可以亂求，隨便抽一根就行的。廟中的籤枝，也稱作籤條，爲細長條形，一頭削成葫蘆或其他形狀，並漆成紅色，以示福氣或寓祈福。籤枝的長短，則視籤筒的深度而定，約需留三分之一露於外面，以方便信眾抽取，深者留長，淺者留短，並無一定的規矩。廟裡的籤枝都是以竹子或木頭做成，免不了會有損害或遺失的問題，因而每年送神之後，許多寺廟也要同時封籤，並將籤枝取出檢查，補上破損遺失的部份，以免少了籤枝而扭曲了神意。

而放籤枝的籤筒，一般都立於供桌兩側，大多數寺廟的籤筒，都爲立地式的，高約一尺餘，巨大者如臉盆般大小，小的也比碗公

還大，舊式的籤筒多為樟木或梧桐木製成，也有少數取竹而成，上方都挖成圓形中空，外形刻繪有花鳥圖案，並標示清楚為運籤筒或藥籤筒，以免被善信誤用。

此外，每一根竹籤都有刻記號數，數量必須和籤詩相同，可能為六十、一百或一百二十之數，籤枝過多時，可分裝在兩個籤筒內，放在供桌的左右兩側。籤號的書寫也必須完全和籤詩一致，籤詩用天干地支，籤枝上刻的也是天干地支，如果是以數字區分，籤枝上刻的則是第一首，第二首，如此善信們抽到籤枝後，才能換得籤詩。

求籤的方法要先在神案前燒香點燭，跪拜行禮將自己身份與求籤目的向神明稟明清楚，一般可以這麼說：

善男（信女）○○○，現年○○歲，現居住在○○縣○○市○○鄉（鎮）○○里（村）○○路○○段○○號

茲因○○（事），倘若能得○○（所祈之神明）的垂愛，指示善男（信女）一條明路，並保佑平安無事順利成功，弟子將用○○（還願之禮如大祭之牲醴、蓮花燈座……）答謝神恩。

在向神明稟明身份與求籤目的（每籤僅限求一個問題）之後，擲筊請示神明是否可求一籤詩以獲指示，獲准之後方可雙手捧起籤筒，向神明搖出籤筒中最高的一根，或最先跳出籤筒外的一根，將籤放在神案上再擲筊，看這一根籤枝是否為神明旨意，若得不到聖筊，表示神明不同意所求之事，必須重新許願，直到得到聖筊為止，最後再依號取得籤詩，將籤枝放回籤筒之中，叩謝過神明，求籤便完成了。

所謂的籤詩就是以詩為籤語之意，廟裡的

籤詩每一首內容都不相同，其中必有一首為「上上籤」或「籤王」，表示求籤者運氣大好，神明不再特別指示，僅要求籤者添些香油錢，一切便可撥雲見日了。至於籤詩的種類，則分為藥籤和運籤兩種，藥籤的內容，其實就是一帖帖的藥方，而且是經由神的旨意為病人所開的藥方，這是因為傳統社會由於醫療不發達，人們有病卻無錢可醫、無藥可治，才會到供奉保生大帝或神農大帝的廟宇，祈求神明治病，但在醫療發達的時代，全民健康醫療網已建構完成，如果身體有問題，求醫問診才是唯一的正途，千萬不要因為迷信，而耽誤就醫的時間。

運籤乃指斷定運氣之籤，籤中所指示的都是未來的吉凶禍福，或者是行進舉止間特別要注意之事，運籤的內容都以七言四句居多，內容或假借歷史故事，或寓民間傳說，甚至以日出日落來說明求籤者之運勢，現代人常求的是功名、姻緣、子嗣、財物、出行……等等，可謂無所不求！另外每年年初，有些寺廟要請神明指示未來一年的天象和豐嗇，所求的四季籤或公籤，也是利用運籤來斷定的。

現在有些寺廟的籤詩，旁邊還會印有小字的「解曰」，把籤詩的意思明白解釋出來，如果真有看不懂之處，寺廟裡也多會有幫人解答的主事或解籤員，不過不管信眾們求到的是上上籤還是下下籤，凡事如果不努力，只想靠天祐神助，相信神明也會看不過去的，所謂天助自助者呀！

白晝漸長夏始至

——淺談夏天的節氣

立夏代表著夏天的開始，作物已經長大了；到了小滿之時，作物不但枝葉茂盛，稻穀也將結實，是個逐漸豐收的時節；漫長的梅雨季節與逐日升高的氣溫，愈來愈長的白晝，無不展現台灣夏日特色。

台灣位處於副熱帶，又有北回歸線穿越其中，每年都有四、五個月以上的時間，屬於炎熱的季節，最高溫時氣溫甚至高達攝氏三十七、八度，讓人感到非常的不舒服，只見人人揮汗如雨，哪裡涼快就往哪裡去。

立夏、小滿、芒種、夏至、小暑、大暑這六個節氣是屬於夏天的節氣，立夏代表著夏天的開始，作物已經長大了，到了小滿之時，作物不但枝葉茂盛，稻穀也將結實，是個逐漸盈滿豐收的時節。然而漫長的梅雨季節、每天升高的氣溫、愈來愈長的白晝、市場上各式各樣甜美多汁的水果、消暑解渴的

◀民間寺廟中的二十四節氣門神，說明了人們對四季變化的關切。

冰品飲料、人滿爲患的游泳池……，每一項都是台灣夏天的特色，此外，台灣的夏天也常會有一些不速之客到來，那就是自太平洋或南海侵襲而來的颱風，不過民間俗諺：「一雷破九颱」，意指如果在小暑之時，經常有午後雷陣雨，那麼颱風來襲的機會就會減少很多，甚至不會來。

立夏

夏季之始，作物初長

封建社會時代，皇帝必須於夏季之始，到京城外去迎夏，這個日子就是立夏，民間認爲八節之一，是天上諸神用來采錄人間是非罪過的日子，因此最好不要動用任何刑法，甚至連鞭杖責罵也要避免。

在這個「萬物都繼長增高」的時節，《禮記》〈月令篇〉解釋自然界恰是：「螻蟻鳴，蚯蚓出，王瓜生，苦菜秀。」說明這時青蛙開始聒叫著夏的來臨，蚯蚓也忙著幫農人翻鬆泥土，如果在鄉間，每天清晨，田埂小道上還可見到許多晨起「散步」的蚯蚓呢！

▲夏天酷熱的天氣，經常使人昏昏欲睡。

初夏的農作，其實還滿豐富，北部宜：黃秋葵、芥菜；中部宜：蔥、莧菜、茄子；南部有：蘿蔔、蓮霧、扁蒲。

沿海的漁獲，種類也多，北部有：文蛤、長腳仿對蝦、紅星梭子蟹、石狗公；南部有：鬼頭刀、斑鱵、赤石斑、花石鱸；東部有：正鰹、白馬頭魚、馬鞭魚；離島附近有：正牡蠣、銀帶金鱗魚、日本擬隆頭魚、克氏兔頭魨。

日本時代的漁人，則要在國曆四月十六日以後，才開始捕捉鱗魚，原因是在這之前，都在保護期間內，任何人不得任意撈捕。

小滿

穀粒果實，逐漸豐盈

中國北方的農諺謂：「小滿麥滿仁」意指小滿時節，稻與麥皆已結穗盈滿，歷代的《黃曆》也有類似記載：「斗指甲爲小滿，萬物長於此少得盈滿，麥至此方，小滿而未全然，故名小滿。」

地處亞熱帶的台灣，小滿時節往往正逢梅雨季；在此前後漫長的一個月時間，都將持續著陰雨綿綿的天候。

有趣的是，二十四節氣神中，唯獨小滿全身「滿清人」打扮，顯然是取「滿」字之意。

小滿時節，農作栽種方面，北部的時令作物是：分蔥、胡瓜、茄子；中部有：韭菜、大蒜、扁蒲；南部則有：小白菜、越瓜、苦瓜。

另外，在漁撈方面，各港都不同，北部有：眞鰺、柴魚、多横斑擬鱸、板鯛；南部有：虱目魚、雙帶赤尾冬、蠕蚊裸胸鯙、白花鰔、東部有：印度銀帶鰶、紅目鰺、眼眶魚；離島附近有：高麗馬加鰆、正龍占、鋸尾鯛。

▶颱風來臨前的黃昏，厚重的雲層彷彿農漁民眈憂的心情。

◀豔陽下的暑氣和薰風，將持續一整個夏天。

芒種

稻穀成穗，梅雨初至

芒種時節已進入典型的夏季，天氣已相當炎熱，因此農事種作都以這時節爲界，過了這節氣，存活率就愈來愈小了，歷代的《黃曆》都有類似記載：「斗指己爲芒種，此時可種有芒之穀，過此即失敗，故名芒種。」

炎炎夏日裡，冰品開始大受歡迎，街頭巷尾到處都是賣冰涼飲料的小販，此外，西瓜、荔枝、芒果等夏季水果也適時應市。

芒種神則是春牛芒神圖中的芒神。

綿綿密密的梅雨之期，農作方面，北部有：節瓜、蔥、小白菜；中部有：茄子、菜豆、甘藷、烏豆；南部有：蕹菜、大豆、苦瓜、落花生、水稻、烏豆。

至於在海產漁撈方面，北部有：眞鰺、縱帶笛鯛、日本擬隆頭魚、紅馬頭魚、蘭勃舵魚；南部有：白鰭飛魚、狗腰鯿、藍圓鰺、麗紅彩鯛；東部有：圓花鰹、赤鯮、紅肉丫髻鮫；離島附近有：紫貝、三線雞魚、梭子蟹。

▲漁民到海邊撈拾海菜，對生計不無小補。

夏至

白晝最長，黑夜最短

夏至曾是中國最早的節日，漢代之前，夏至之日全國皆放假，以便回家和親友團聚暢飲，之後則漸漸不再成節，對台灣人而言，夏至節更沒有任何意義，但自然界中仍有幾個明顯的現象，《禮記》〈月令篇〉載：「鹿角解，蟬始鳴，半夏生，木堇榮。」說明這時可開始採鹿茸，蟬也開始鳴叫，半夏及木堇兩植物也開始生長或開花。

夏至也是陽氣最旺的時節，這一天白天最長，黑夜最短，在這樣的酷暑裡，各海濱浴場或游泳池，自是擠滿爲圖消暑的人們。

此時雖是夏至中天，農作栽植仍有可爲，北部宜：金針菜、芥藍、越瓜；中部宜：甘藍、苦瓜、蓮霧、大豆、水稻；南部宜：水芹菜、胡瓜、莧菜、扁蒲、水稻。

近海漁撈方面，北部有：斑鱵、日本鯷、錘氏小砂丁、花尾帶鰯、黑鯧；南部有：虱目魚、正鰹、沙蘇、黃鰭鯛；東部有：銀帶金鱗魚、鰻鯰、銀紋笛鯛；離島附近有：脂眼鯡、雙帶赤尾冬、奧奈鑽嘴魚、眼眶魚。

小暑

天氣漸熱，螢火紛飛

二十四節氣中的小暑，是相對於大暑的節氣。古老的《黃曆》指出：「斗指辛爲小暑，斯時天氣已熱，尙未達於極點，故名。」但這還不是最熱的時候，二十四節氣中的小暑神，也只是舉個小火把而已。

時序進入小暑以後，台灣地區也正式進入颱風季節，高拱乾修《台灣府志》載：「風大而烈者爲颶，又甚者爲颱，……颱則常逢日夜，或數日而止。……五、六、七、八月發者爲颱。」

▲白浪滔滔我不怕，為了生活，必須在人與自然之間取得平衡。

台灣二十四節氣示意圖

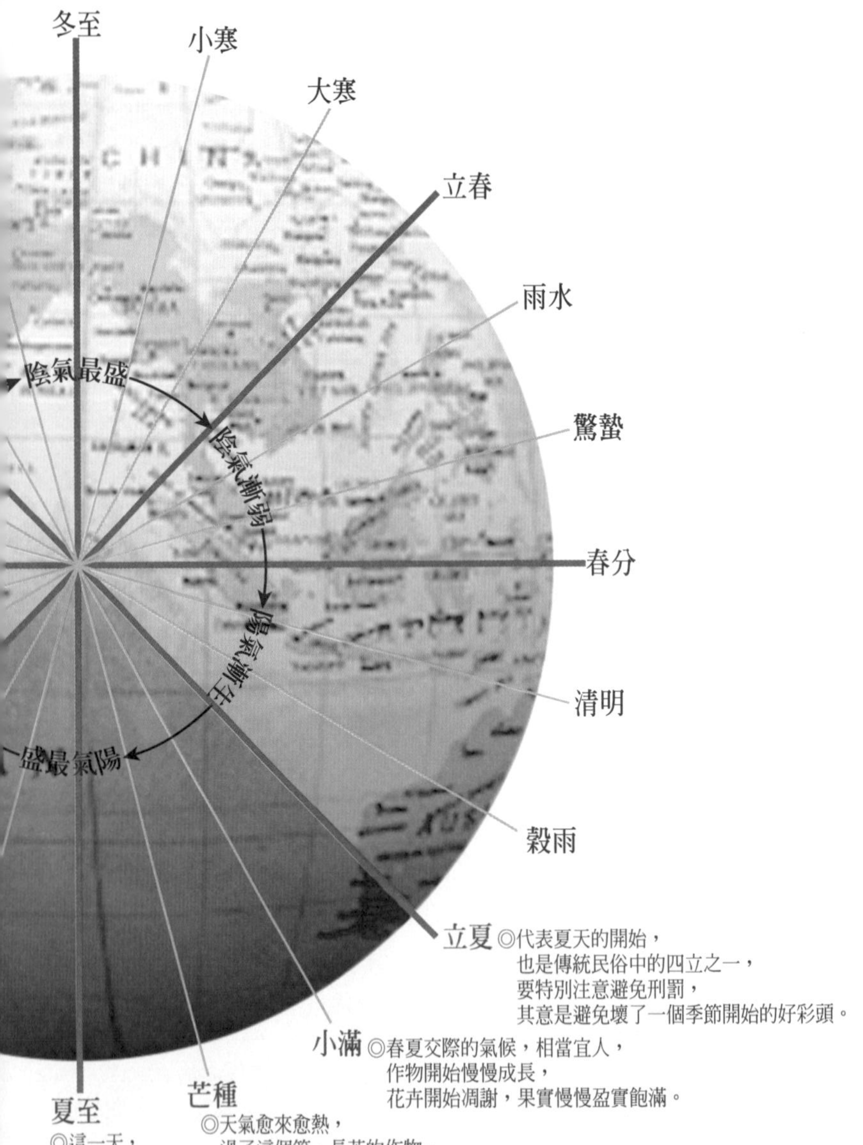

立夏 ◎代表夏天的開始，
也是傳統民俗中的四立之一，
要特別注意避免刑罰，
其意是避免壞了一個季節開始的好彩頭。

小滿 ◎春夏交際的氣候，相當宜人，
作物開始慢慢成長，
花卉開始凋謝，果實慢慢盈實飽滿。

芒種
◎天氣愈來愈熱，
過了這個節，長芒的作物，
包括稻、麥、高梁等作物，種植不容易存活。

夏至
◎這一天，
白天最長、
黑夜最短，
氣候上更是極暑之期，
民俗認爲這是陽氣最盛之期。

小雪
立冬
霜降
寒露
秋分
白露
處暑
立秋

◎氣候依然燥熱，大暑
人們懶得出門，
萬物成長緩慢。

◎天氣熱至
各式各樣的消暑
成爲人們共同的

認識夏天節氣的方法

生活在台灣的人，每個人都很清楚，愈接近南方氣候就愈顯得炎熱。也因此，南方便成了炎熱的代名詞。這雖然只是北半球氣候的特徵，但對於北回歸線上的台灣而言，炎熱來自於南方，卻是「絕對」的天候現象。

二十四節氣中的夏，是從東南方開始，最熱的夏至正位於南方，結束於西南方的入秋。屬於夏的季節，時間同樣是三個月，也分爲六個節氣。立夏正式宣說夏季的開始之後，作物逐漸豐盈，古人乃用小滿來代表人們期待的收穫。而當作物的果實都已經初長成，天氣也愈來愈熱了，如果才要開始種植作物，就稍嫌晚了。於是芒種節氣，就是爲了提醒人們，過了這時節就不好再種長芒的作物了。

夏至是一年中最熱的季節，也是白天最長，星夜最短之季，過了這個節氣，暑氣才會慢慢消退，但速度並不快，因此之後還有兩個代表暑氣逼人的節氣，分別是小暑與大暑。這時節，大地有如一個大烤箱，逼得人人都只想躲在房間吹冷氣，根本不想出門；甚至連作物也生長遲緩。這個人們厭惡、畏懼的時節，也就讓給了孤魂野鬼，成爲民俗之中的鬼月。

小暑和大暑時節，也是颱風最喜歡來湊熱鬧的時節，家家戶戶都應該小心防範才好。

小暑時節，也是螢火蟲開始活躍的季節，幾乎只要在有綠草，有露水的地方，便可看見這種一閃一亮的昆蟲，在徐徐的薰風中，陪伴人們度過漫漫夏夜，可惜這景象都市人已無福消受了。

「小暑一聲雷，翻轉倒黃梅」，小暑裡若有打雷，則表示往後半個月都會下雨，好像梅雨季又回來一樣。靠天吃飯的農民最大的希望——「小暑溫墩大暑熱」，盼望小暑氣候不要太熱，農作物才會有好收成，否則稻米就結實不滿了。

小暑時節的種植，北部宜：芹菜、越瓜、莧菜、冬瓜；中部有：胡瓜、芥藍、波蘿蜜、扁蒲；南部宜：番茄、翼豆、越瓜、落花生。

漁民們在這個時節，常見的漁獲

▲捕魚人的生活裡有挑戰環境的艱辛，也有優閒的情趣。

各地都不同，北部有：斑鱵、梭子蟹、克氏兔頭魨、白花鰔、文蛤；南部有：鬼頭刀、雙帶赤尾冬、蠕紋裸胸鯙、白馬頭魚；東部有：圓花鰹、花身雞魚、白腹鯖；離島附近有：縱帶笛鯛、鱷形叉尾鶴鱵、橢圓鯿。

大暑

火傘高張，暑氣正炎

大暑是一年中最酷熱的節氣，在這個「流汗不可揮」的季節，天候的特徵，傳統的《黃曆》有清楚的記載：「斗指丙為大暑，斯時天氣甚烈於小暑，故名大暑。」

在這個酷熱難耐的季節，自古以來，人們便利用登高或游泳等方法避暑，而這時節，也是鄉村田野蟋蟀最多的季節，台南一帶更有人以鬥蟋蟀為樂。澎湖地區，則是天人菊盛開的季節，從荒山野嶺到海濱村舍，處處都可見到美麗動人的天人菊，更是添增了澎湖的夏日之美。

炎炎夏日中的大暑神，正是捧著火盆而來的火神，這爐火可要再過半個月，熱度才會稍減。

火傘高張的大暑，農作種植相當辛苦，且必須特別照顧，因此這時節種植的，大多是較為耐旱的蔬菜，北部宜：甘藍、花椰菜、豆薯、水稻；中部宜：冬瓜、甘藷、苦瓜；南部有：玉米、黃秋葵、小白菜、大豆。

台灣沿海的漁撈，種類各地不同，北部有：三線雞魚、多橫斑擬鱸、花腹鯖；南部有：紅星梭子蟹、藍圓鰺、白帶魚、草對蝦、大頭花桿狗母；東部有：正鰹、白鰱、白鰭飛魚；離島有：赤鯮、正龍占、紫貝。

第二輯　神佛正傳

呼風喚雨育萬物

——令人敬畏的風神爺

風神爺的寶葫蘆內藏大氣，放出爲風，大小由其控制。據說風師掌理風雨陰晴，因此航海者都必須祭拜祂，祈求風調雨順，航海平安。

風、雷、電、雲、雨，是五種大自然中常見的天氣現象，古代人們對這些天地間的自然景象往往抱持敬畏與恐懼的心理，因爲無法解釋這些現象產生的原因，就附會爲神靈來加以崇拜，稱爲自然神，如雷神、電母、雨師、雲中君、風神等。

風神的傳說

風神又稱風師、風伯、箕伯。古代民間對風神的信仰因地域而有所不同，有些地區將風神與神鳥聯繫在一起，因鳥翅拍打可以生風，並且利用風力飛翔，所以就將風神幻想

成某種神秘的鳥類。

也有記載風神是對天上星宿的崇拜，《尚書》〈洪範〉說：「星有好風」，孔穎達認為此星是箕星。箕星是二十八星宿東方蒼龍七宿之一。《風俗通義》〈祀典〉記載：「風伯神箕星也，其象在天，能興風也。」《周禮》註解說道：「月離乎箕，風必揚沙，是風師箕也。」以上的記載描寫風神就是二十八星宿的箕星。

《三教搜神大全》稱風神為風伯神，名飛簾，是一種神禽，能製造風氣，此一神鳥形狀極為特殊，身體像鹿，頭似爵器，頂有角，尾長似蛇，體形頗大。

《封神榜》的記載與以上所介紹的風神就不同。《封神榜》所寫風神是菡芝仙，隨身帶著名為風袋的法寶，袋中藏有乾坤，封口一開，煙幕隨之而出，其厲害正如：「能吹宇宙暗，善刮宇宙昏，裂山崩山倒，人逢命不存」。菡芝仙因幫助聞太師而死亡，姜子牙封祂為助風神。

還有《龍魚河圖》一書中描寫風神是天帝的屬神。《龍魚河圖》說：「風者，天之使也。」颳風或者停風皆受命於天帝。古時認為風師與雷神、雨神合作，而具有養育萬物成長之功能。《風俗通義》〈祀典〉言道：「鼓之以雷霆，潤之以風雨，養成萬物，有功於人，王者祀以報功也。」

◀台南風神廟建於清代時期，是有名的古蹟。

風神廟

在台灣奉祀風神的主廟只有一間，廟名爲風神廟。風神廟是台灣有名的古蹟之一，位在台南市民生路與民權路之間，保安廣澤尊王西羅殿的對面。風神廟建於清乾隆四年（一七三九年），距離二十世紀末期已二百餘年，是府城七寺八廟之一，供奉風神以外，還有雷公、電母，以及清代時期台灣府知府蔣元樞。

風神廟是蔣元樞所倡建的，後人爲感念他，便雕塑金尊供奉，但後來金尊被偷，只剩相片。風神廟前有兩座涼亭，也是古蹟，稱爲接官亭，是迎接官員的涼亭。在清乾隆年間，風神廟非常大，有三進殿，前面是海。清代時期的官員來台灣都從這裡登陸，地方官員在接官亭迎接，要回中國也是在此地餞行。而上岸時必須進入風神廟朝拜，感謝風神庇祐使他一帆風順，安全來到台灣，要回去前也要來朝拜風神爺，並獻上祭文：「祈神賜我一帆風順歸于鄉里」。不過在日本時代拆除後面二殿，只剩一殿，依然屹立原址，守護著航海的人。

▲民間相信風神與雷神、雨神同樣具有生養萬物的功能。

◀民間建醮法會中紙紮的風神像。

風伯

將軍顯靈立廟祠

——白馬將軍力抗荷蘭軍

白馬將軍謝永常，自幼以義勇著稱，
後來追隨鄭成功對抗清廷，
不料卻在安平一役殉國升天，
眾人感其忠勇愛國之心，
遂立廟供奉，尊稱為謝府元帥。

台灣民間信仰中，有許多神明是因爲生時品德爲人所稱道，或者有功績於民，死後被立廟供奉的，力抗荷蘭的白馬將軍就是一個例子。白馬將軍俗名爲謝永常，字平山，是福建（後行政區域隸屬中國）海戶人氏，生於明崇禎三年（一六三〇年）十一月五日。

助鄭抗清建立功勳

謝永常年少時臂力過人，威武無比，心地善良，好打不平，時常扶善逐惡，鄰近鄉人對他的義勇非常讚許，英名遠播千里。長大之後正逢明朝被清軍打敗，明朝的江山覆

亡，他就拜別父母，追隨和清政府相抗的民族英雄鄭成功。

明永曆七年（一六五三年），謝永常跟隨鄭成功南征北討，東蕩西剿，大小數十役，立下了不少功勞，已由一位小小的部將，晉升爲前鋒馬部先鋒官。到了永曆十五年（一六六一年）春夏之交，鄭成功發兵東渡，謝永常也一同在四月初一登陸台南鹿耳門。

當時台灣仍在荷蘭人的治理之下，謝永常與國姓爺鄭成功，以及助鄭抗清的志士，在台南與荷蘭人苦戰將近五個月。在八月廿四日下午未時，謝永常奮戰荷蘭人，不幸在台南安平一役，被荷蘭人開槍射中而逝，得年三十二歲。

夜半託夢建廟宇

謝永常爲戰役而犧牲，經過三百多年後，於一九六二年，傳聞其魂魄常於夜間顯化在台南中山女中學校內，坐騎白馬，身軀高大，披甲，身穿長白袍，威靈顯赫。有一日，祂在夜中託夢給附近人士，說明自己的身世，也指示在校內共有與祂一同埋葬的軍士一千零六十七人，希望善心人士將祂們撿骨重新埋葬。此事傳出之後，全台南市都議論紛紛，有人認爲是無稽之談，然而經過數日，謝永常再次託夢給十多人。

託夢之事，市政府也有所聞，當時土木課的課長就帶隊前往中山女中，果然挖出靈骨一千零六十七具，眾人驚異萬分，隔天報紙也刊登此事。此事證實之後，由市政府的官員以及前任的市長，社會人士捐獻土地、金錢，立祠廟供奉。將一千零六十七具靈骨，安奉在台南市東區裕農路，並興建靈骨塔，廟名爲慶隆廟，尊稱謝永常爲謝府元帥。因爲曾經在中山女中顯化爲身穿白袍騎馬之英姿，所以弟子也尊稱祂爲白馬將軍。

左右輔神

慶隆廟入火安座之後，謝府元帥白馬將軍的神威靈驗無比，時常顯化渡人，可說是有求必應，各界善信也日夜前來參香敬禮，從此香火鼎盛。

除了主神謝府元帥之外，慶隆廟還有左右輔神：趙勝將軍，以及日本人氏吉原將軍。趙勝將軍也是當時追隨謝府元帥在安平一役壯烈成仁之愛國志士；吉原將軍則歸附在鄭成功麾下，日本名字不詳，但歸附之後入土隨俗，改姓名爲謝吉原。

慶隆廟所奉祀的謝府元帥白馬將軍，以及左右輔神趙勝與吉原將軍，是經過多方考查，爲了彰顯英勇、忠貞的志士及其事跡，謀報祂們的功德，才建廟奉祀的。有機會到台南的朋友，不妨到廟裡走走，除了緬懷先民忠烈外，也可以祈求祂們的庇祐。

▶矯捷的白馬，最宜襯托英勇的將士。

▲義勇過人的白馬將軍，曾是助鄭抗清的英雄。

睢陽忠烈後世傳

——堅守城池的保儀尊王

安祿山叛變，軍事重鎮睢陽首當其衝，
張巡用兵如神，致使叛賊久攻不下，
苦守城池十個月，糧食皆已斷絕，
朝廷不發一兵一卒前來援助，
睢陽宛如一座孤城……

漢人自有歷史記載以來，出了許多忠孝節義的名將功臣，仙逝之後爲世人所奉敬。這些盡忠報國的忠義之士，在台灣被尊稱爲王爺、尊王或者千歲。

唐代時期時胡人安祿山叛變，致使各地戰事再起，百姓安樂日子不再。當時軍事重鎮睢陽城亦不能倖免，守城將士忠心至死不降的精神，在歷史上留下千古不滅的典範。

叛軍圍城張巡援救

根據《唐書》的記載，唐天寶十四年（七五五年）十一月，河北、平盧、范陽這三鎮

的節度使安祿山，以奉天子密令，入朝討伐奸臣楊貴妃的大哥楊國忠爲名，率兵十五萬反叛朝廷。

太平天下霎時狼煙四起，羯鼓驚天，叛軍所向披靡，攻無不克，唐軍迅速瓦解，不是逃亡，就是投靠安祿山。十二月，安祿山率兵在靈昌渡黃河、破陳留、克東京、陷洛陽。隔年正月，即自稱帝王，國號大燕，年號聖武。

唐至德二年（七五七年）正月，安祿山進軍江淮，預備奪取大唐江山，命令大將尹子奇率軍十一萬，進攻江淮中原軍事重鎮——睢陽，就是後來中國河南省商丘縣。因爲安祿山的造反，朝政岌岌可危，群臣素聞許遠之名，薦其擔任睢陽太守，遂升遷至侍御防禦使，負起守城大責。

許遠是杭州人氏，生於唐中宗景龍三年（七〇九年），是唐初相當著名的宰相許敬宗的曾孫，人稱寬厚長老，爲人寬厚仁慈，虛懷若谷，具有整軍經武，以及用人行政之才能。

叛將尹子奇領軍來攻睢陽，許遠與守城眾將領商議如何應戰，眾人苦思無策，有人提議棄城，另外一些人則主張死守，兩方據理力爭相持不下。身爲文官的許遠，對用兵抗敵之事不敢專斷，但他爲人正直，深知保國衛民的道理，身爲大唐將官，應負起抗外安內的責任，就堅持與軍民護守城池抵抗外侮，絕不輕易降敵。

此時天降大雪，白茫茫一片，睢陽城上守城的將士，兩眼注視著遠方叛軍十一萬人馬，內心充滿著緊張與懼怕，因爲城中只有五千兵將，此戰必死無疑……。

眞源縣令張巡接到叛將尹子奇領兵十五萬攻打睢陽城的消息，深知睢陽城乃中原重鎮，若睢陽城失守，叛軍將直取江淮，大唐

江山就難保全，所以親自帶領雷萬春、南霽雲與眾大唐軍士前往睢陽城，與許遠共同對抗尹子奇的進攻。

許遠看見張巡的軍士前來支援，心中感謝萬分，兩人就此下定決心揮軍抗敵，以少制眾，計出連環，前後達數十戰。張巡乃鄧州南陽人氏，就是後來的中國河南鄧州市，生於唐中宗景龍三年（七〇九年）五月初五，開元末年擢進士第。他爲官清正，愛民如子，深受朝廷器重。

許遠自認是一介文官，只能舞文弄墨，不善兵法戰陣，若守城有誤，將愧對天子、危及萬民，故請張巡統領守城事宜，自己居下位，專治糧餉以及戰具。張巡在眾人的擁戴之下，臨危受命，擔負起抗敵守城之重責。由於許遠自居下位，此種大公無私，不爭權勢的胸懷，深受全城軍民愛戴，同時也更加堅定了同生共死的決心。

▲唐朝名將張巡曾鎮守睢陽，死後被尊奉為保儀尊王。

◀保儀大夫祭時，須製作「看牲」以謝神。

恭祝保儀大夫聖誕

斷糧危機陷困境

叛將尹子奇自追隨安祿山起兵以來，殺遍黃河南北，戰無不勝攻無不克，想不到這次領兵卻受阻於小小的睢陽城，實因張巡的驍勇善戰，用兵不依古法，神出鬼沒，出乎他的預料之外。不論用什麼方法，尹子奇都無法攻破睢陽，只得暫時先退兵陳留，就是後來的中國河南開封，並召集有名的工匠，打造雲梯、鵝車等攻城利器，以待時機，再次進攻睢陽城。

尹子奇退兵之後，睢陽城內軍民歡欣鼓舞，但張巡戒備更加森嚴，深知敵軍將會再來攻城，就命令將士繼續日夜立於城上守備，又命令眾兵打造守城戰器，並招兵置糧，以防叛軍偷襲。不料此時竟接到河南節度使王巨的命令，欲調遣睢陽糧食六萬斛發往濟陰。張巡心知叛軍只是暫退開封，來日必再攻城，若叛軍採取圍城計策，日久睢陽無糧，一定不攻自破，難道王巨不明白調走睢陽糧食，就等於將睢陽城拱手給叛軍？

張巡請太守許遠前去陳述利害，並據理力爭，但王巨掌握大權，根本不加考慮，張巡不得已之下含淚將糧食運往濟陰，濟陰太守得到糧食之後，竟舉城投降叛軍！

唐至德二年（七五七年）三月，尹子奇率眾十餘萬，攜鵝車、雲梯等攻城利器再次圍攻睢陽城，張巡面對強敵並無懼色，守城將士鬥志昂揚，敵兵運用雲梯攻城，張巡命將士鉤住雲梯，使其不能後退，又用木棍抵住雲梯，使叛軍進退不得，然後再用草簍裝滿柴草，焚燒雲梯，叛軍逃之不及非死即傷。尹子奇見狀慌忙退兵，改用鵝車進攻，張巡命將士以石擊之，使尹子奇退回十里之外。

張巡屢建奇功，大唐天子知聞，賜封為御史中丞。尹子奇屢攻不下，又損兵折將，正苦無良策之時，忽然接到睢陽城奸細李滔的密函，告知睢陽城內糧食已被王巨調往濟陰，城內餘糧所剩不多，只要繼續圍城，不久睢陽便糧食不繼，到時攻取睢陽城輕而易舉。

當年五月，城中糧食將盡，城外叛軍又叫囂城內守將出城應戰，若不應戰就乖乖投降，許遠頓足握腕，聲聲長嘆，覺得愧對睢陽城的軍民。

直到八月初，睢陽城糧食已盡，飢餓的軍兵只得啃食樹皮草根，或是捕捉老鼠麻雀來充飢，更有些士兵因爲忍不住飢餓而偷吃屍體。張巡之妻不忍城中將士因斷糧飢餓而死，便持劍自刎，期盼自己無用之身，能飽軍兵之飢，城中百姓見狀無不痛哭失聲，部份婦女與年老百姓也一一自盡，獻出肉身給守城將士。

此時睢陽有如一座孤城，城內軍民雖不知以後變化如何，依然心如堅石，強忍飢餓，手持兵器，日夜輪流守備，專心注視叛軍的動靜，然而朝廷始終未派援軍前來支援，眾軍民如同被放棄的孤兒一般。

臨淮討救兵

張巡心想，睢陽城已危如累卵，救兵早到一天，睢陽就多一線保全的希望，爲了不坐以待斃，就命南霽雲往臨淮向接替河南節度使之職的賀蘭進明請師。正當南霽雲與三十名精裝騎兵整裝待發，張巡將陪伴他出生入死的戰馬殺死，送給南霽雲與這三十名兵將飽食，將士看到馬肉，心已將碎。

張巡將熟食的馬肉送到南霽雲手中，眼中閃動著珠淚，等南將軍食完馬肉，張巡向前輕聲說：「霽雲，睢陽城已是山窮水盡，眼下城中軍士只剩六百多人，如果不遣你去搬請救兵，睢陽不久必定城破人亡，你記住，

到了臨淮，見了賀蘭節度使，無論如何請求也要將援兵請來，我與睢陽城許太守和六百士兵期待你請得雄師，殺回睢陽。」

此時南霽雲雙腳跪下，向張巡行禮，張巡馬上雙手扶起，兩人擁抱，眼淚禁不住流下，全城將士也相抱痛哭，南霽雲就朗聲說道：「請眾軍放心，我必定完成使命。」說完就與睢陽城眾將士一一行禮，帶領三十名精騎飛奔出城。

尹子奇聞報，立即下命前往攔阻，數萬胡兵叛將整陣待戰，南霽雲肩背彎弓，手提銀槍，率三十名精騎殺入敵營，近挑遠射，浴血衝殺。三十名騎兵為護送南將軍安全衝出重圍，在前開路，莫不以一擋百，英勇無比，最後在敵將眾多的情況下一一殉命，南將軍也受傷多處，但他越戰越勇，最後孤身殺出重圍，日夜兼程直奔臨淮。

南霽雲到了臨淮，即刻求見賀蘭進明，賀

▶生活在豐饒富裕的台灣社會，可能想像睢陽絕糧的困境？

◀對於忠義勇烈的英魂，人們總願以豐厚的祭品來奉祀。

蘭明白南霽雲的來意之後，心想：第一，如果出兵到睢陽，則臨淮城中空虛，敵人若前來攻打，恐怕生命難保；第二，若幫助張巡、許遠打敗敵人，日後他們兩人位高權重，超越自己，等於幫助兩人升官，便決定不出兵相助。

不過賀蘭進明有心要將這位猛勇善戰、忠心不二的南霽雲留在自己身邊，於是假借發兵一事要先與臨淮諸將商議後才能決定，而留下南霽雲。

隔天賀蘭進明大擺酒宴慰勞南霽雲，卻對援救睢陽一事隻字不提，南霽雲一心只想求得救兵，無視滿桌豐盛菜肴，只是雙腳跪地再三懇求，賀蘭進明卻是不肯發兵，至此南霽雲已知請師無望，便抽劍砍下一指，以此作爲賀蘭不出兵的證據，更在走出節度府時，取弓箭射向佛寺浮圖，立下「待破尹賊，必來滅賀蘭」的誓言。

城破忠魂歸天

離開臨淮之後，南霽雲前往眞源縣請師，李賁送戰馬百匹；又趕到寧陵祈求援兵，寧陵城使廉坦發兵三千，與南霽雲在一個閏八月的夜裡，殺進睢陽。因尹子奇的叛兵阻截追殺，三千軍士死傷一半，只剩千餘人，此時張巡與許遠、雷萬春，以及睢陽城殘兵出城援助，使南霽雲以及眾人順利進入睢陽城。

進城之後，眾將士見南霽雲沒請到大軍以及糧食前來救援，又見赴援者只有千餘人，大失所望，將士百姓哭聲一片，此時在城外的尹子奇眾叛將，知道睢陽城已經求救無門，也不禁得意萬分。

隔天早晨，張巡召集睢陽城內眾將士聚集在校場內，此時，張巡、許遠、雷萬春、南霽雲等一一登上點將台，場內倏然鴉雀無

聲。張巡看到台下眾將士，都是自正月以來，飽經戰爭苦難的將士，一時激動萬分，心想：眾將都是大唐的忠烈志士，如果不是安祿山造反，他們此時應該在家中，上奉父母、下撫子女、男耕女織，過著美滿幸福的日子，可是如今死守睢陽，眼看將要玉石俱焚……。張巡想到這，心頭一陣難過，戰爭使多少人家破人亡，背井離鄉，失去親人，成為異地遊魂？

面對共患難死守睢陽的軍民百姓，張巡只能行叩拜之禮，以答謝心中的感激，眾人激動萬分，跪地涕淚不止。此時眾人的心境是無法以言語來表達的。接著張巡下令封死四個門，睢陽城眾將士，已經下定決心，要與城池共存亡。張巡與許遠以及身邊愛將，也靜靜等待激戰的時刻，但城外尹子奇並無動靜，因為過去吃過張巡的虧，而城內又靜得出奇，使尹子奇也不敢輕易來攻。

一直到九月，大唐兵馬大元帥李豫，以及郭子儀，知道睢陽城被困，河南節度使賀蘭進明沒有出兵援助，就下令免去賀蘭進明節度使的官職，命大將張鎬接任，張鎬就馬上率兵前往援救睢陽城。路經濠州時，張鎬命濠州刺史閭丘曉與貝合兵共援睢陽城。但閭丘曉卻再三拖延，遲遲不肯出兵。

到了唐至德二年（七五七年）十月九日，尹子奇見時機成熟，一聲命下，十餘萬叛賊攻進睢陽城。張巡見叛兵舉旗來攻，勢如破竹，城內將士多日未曾進糧，早已手無縛雞之力，只得任由叛賊斬殺，慘狀令人不敢目睹。張巡執劍殺入陣中，已存以死報國之心，鼓勇向前，想要替死去的將士報仇，最後只存一絲氣力，未能殺敵，終也被擒。隨後許遠、南霽雲、雷萬春等人也不敵叛軍紛紛被擒。

尹子奇見睢陽城眾將士並無投降之意，就

▲保儀大夫鎮守睢陽時，與全城軍民共患難。

將張巡、南霽雲、雷萬春等三十六名守城將帥割心破肌，斬殺於睢陽城北。許遠見眾兄弟被殺於睢陽城北，哈哈大笑，雙眼佈滿紅絲，直視尹子奇，隨即咬舌自盡。

朝廷平定安史之亂後，將張巡與許遠合祀於睢陽城內，建廟朝拜，命廟名爲「雙忠廟」。許遠與張巡生平事迹相近，且同甘共苦，禍福與共，同年生，同年死，兩人以國家興亡爲己任，置個人生死於度外之雄偉抱負，實爲天地間表率，故其升天之後，廣受後人崇敬，尊奉爲保儀尊王。

許遠、張巡、雷萬春、南霽雲等將士，在睢陽城死守十個月，他們的弘毅作爲，不僅是保國，也是衛民；不僅是忠君，更是愛民：其仁者心懷，絕非一般愚忠的愛國者所能比擬。對於這些忠勇的英雄烈士來說，只有將自己的生命與國祚民命相結合，才是生命最高之價值。

雷萬春與莫英

睢陽城之戰留下了歷史上不可抹滅的英勇事迹，台灣民間除了敬奉張巡、許遠之外，也奉祀當時共同守城的幾位忠烈志士。首先介紹的是雷府尊王雷萬春。

雷府尊王的金尊面上有六點，是其神像一大特色。這六點是張巡與雷萬春被叛將令狐潮圍困雍丘之時，雷萬春在城上守衛，面上被令狐潮射中六箭，仍然屹立不動，致使令狐潮誤認爲所射中的只是草人，其實是雷萬春。所以供奉雷萬春的弟子，雕塑神像時在其面上留下六點箭傷，以突顯祂神勇強毅的表現。

而睢陽城內還有另外一位忠魂莫英，世人稱奉爲莫府千歲。莫府千歲是胡人，原名叫做蓋陀，生于唐睿宗嗣聖十八年（七〇一年）八月廿三日，明理忠勇，威猛善戰，本是安祿山陣前之大將，唐玄宗天寶年間（八世紀中期），安祿山造反，派他征戰，多有戰功。

張巡久戰不克，安祿山派遣蓋陀前來勸降，但他爲人英勇，並深明大義，復感於張巡之忠義貞誠，就投靠張巡，並與張巡結爲異姓兄弟，而爲其忠心之表現，就改漢名爲莫英，取其英勇之意。

莫英與張巡等人在睢陽城與叛將尹子奇對陣，一直到唐至德二年（七五七年），睢陽城兵缺糧盡，但眾將士仍裹瘡再戰。

當年九月，莫英已身受重傷，無法再戰，念及城中無糧，而自已又無力抗敵，乃毅然切腹自殺，欲以無用之軀供將士烹食。張巡聞知悲痛不已，受其忠烈之心與明理曉義感動，即跪地叩拜其忠魂。

莫英可說是大忠大義，正氣浩然的典範，世人塑其金尊，與張巡一同奉祀，稱爲莫王或者莫府千歲。

李府千歲的諫言

李府千歲李泌也與張巡、許遠、雷萬春、南霽雲、莫英等人一同受到世人尊敬。

李泌字長源，京兆人氏，生於唐玄宗開元十年（七二二年），卒於唐德宗貞元五年（七八九年）。天性聰敏，七歲能作文章。相傳有一次唐玄宗召他進宮，當時玄宗與燕國公張說正在下棋，張說聽聞李泌是一位神童，就出題試探，命李泌賦方圓動靜，舉例說道：「方若棋局，圓若棋子，動若棋生，靜若棋死。」李泌不經思考就答：「方若行義，圓若用智，動若騁材，靜若得意。」玄宗與張說非常驚異，認爲李泌將來必是大唐的棟樑，特令太子李亨與他結爲朋友。

李泌由年幼到壯年，正是唐代由盛而衰的重要階段。唐天寶十四年（七五五年）安祿山造反，當時李泌已經三十三歲，在此之前他也曾經在朝爲官，但因受到楊貴妃的大哥楊國忠排擠，就歸隱在河南登封，直到唐玄宗逃往四川，李亨在靈武正式即位爲帝稱號肅宗，才邀請李泌共同治理國事。

到了靈武，李泌與肅宗出則聯轡、寢則同榻，肅宗希望李泌做宰相，卻被李泌拒絕。後來因爲唐肅宗的感召，李泌才接受侍謀軍國元帥府行軍長史的任命。

雖身爲侍謀軍國元帥府行軍長史，李泌針對國事所提的建議，肅宗都沒有採納，又逢肅宗的寵妃張良娣與太監李輔國暗中形成勢力，張良娣曾殺死自己的兒子建寧王李倓，與李泌是水火不容的死對頭，李泌認爲一位可殺死自己兒子的人，什麼事情做不出來，就有再次歸隱的念頭。

唐至德二年（七五七年），尹子奇圍攻睢陽城，李泌提議派郭子儀與李光弼攻打賊兵，但肅宗並不採納，此時李泌便向肅宗提

出歸隱山林的請求。肅宗一聽頓感愕然，急欲挽留，豈料李泌心意已堅，並提出不得不退隱的原因，他對肅宗最後一段諫言，終讓唐肅宗明白自己已往的過失。現就摘錄李泌歸隱前與肅宗的對話：

李泌說：「臣遇陛下太早，陛下給臣責任太重，寵愛太深，臣功勞太高，所以不能不歸隱，否則陛下便是殺臣。」

肅宗不覺慘然變色道：「我對你情同兄弟，哪有殺你之理。」

李泌激切感憤，便說：「正因陛下不殺臣，所以臣才求去。過去時局嚴重，陛下又寵愛臣，尚且有許多的事情臣不敢說，將來天下太平，臣怎麼敢隨便講話。」

肅宗又說：「你所指是我沒接受你提議派郭子儀攻打叛賊之事。」

李泌泫然說道：「並非只有此事，還有一事就是殺死建寧。」

肅宗再說：「因爲建寧王一心只想謀害大哥，我爲社稷不得不賜死。」

李泌輕聲言道：「陛下誤聽小人之說，誤中其計，過去武則天有四個兒子，因爲自己想做皇帝，便毒死太子弘，立次子賢爲太子，賢心理懼怕，便撰〈進黃台瓜辭〉：

種瓜黃台下，瓜熟子離離。
一摘使瓜好，再摘使瓜稀。
三摘猶可爲，四摘抱蔓歸。

但武則天並不覺悟，賢終於被廢而死。現在陛下已經一摘，希望別再摘才好。」

肅宗此時明白李泌所講的意思，賜死親生子，是誤聽小人之言，但後悔莫及。

李泌為曠世奇才

李泌離開京師，在衡山隱居十一年，唐肅

宗駕崩之後，廣平王李椒即位稱號代宗，李泌以平民的身份被徵召，做了兩年皇帝的顧問。不久又受宰相元載與常袞的排擠，被外放到典州佐郡爲地方官，一直到代宗讓位給德宗之時，才想起這位曠世奇才李泌，在興元元年(七八四年)宣召進宮擔任「左散騎常侍」。此時李泌已經六十五歲，任左散騎常侍三年，表現輝煌，

解決了外交軍事以及財政問題，在貞元三年(七八七年)六月又晉封宰相。

李泌爲相短短三年，奠定唐朝政治的基礎，在唐德宗貞元五年（七八九年）逝世，享年六十八歲。後人對他的高風亮節尊敬萬分，就與張巡、許遠、南霽雲、雷萬春、莫英一同奉祀。

史籍記載李泌是一位名宰相，他一生起伏變化甚大，但從無怨言，對國家盡職，對百姓關愛，如果當時唐肅宗接受他的提議，睢陽城不會被佔，張巡、許遠、莫英、雷萬春、南霽雲以及眾將士也不會含恨而終。

台灣廟宇奉祀這些忠烈志士時，單一尊奉者稱尊王、尪公、大使爺或大夫，例如許遠爲保儀大夫，張巡爲保儀尊王；也有三人一起奉祀的，稱爲三府千歲；此外，民間信仰中，也可見供奉張巡、李泌、許遠、南霽雲、雷萬春五人爲五府千歲的祀廟。祂們的忠毅勇烈，以及在睢陽危城的艱難困境中，凝聚於軍民之間，願意同生共死，或犧牲小我的高尚情操，都將永留人間！

▶木柵地區為保儀尊王聖誕舉行盛大的慶典。

御劍雲遊渡世人

——呂洞賓十道試煉修成仙

呂洞賓三次赴京會考皆不中第，
經鍾離祖師於酒樓吟詩渡化，
黃梁一夢乍然頓悟，
視五十年有如幻夢一場，
潛心修道在終南山升天成仙。

象徵吉祥福壽的八仙，在台灣民間信仰之中流傳極為廣泛，關於祂們的事跡，時常被視為茶餘飯後的話題。其中傳奇故事最多、影響力最大的，當屬呂洞賓，又稱為孚佑帝君、呂仙祖、純陽祖師、純陽子等。

呂仙祖世居山西省永樂縣（後行政區域隸屬中國），曾祖父呂延之，官拜河東節度使；祖父呂渭，任官為禮部侍郎；父親呂讓，官職為海州刺史。相傳祂是三清玉虛仙鶴眞仙轉世，出生之時馥香滿室，祥氣千條，異象顯瑞，有一白鶴自天而降，飛入房間後瞬間消失不見。

仙祖生而相貌堂堂，金形木質，鶴頂龜背，靈眼照人，左眉與左眼之下有一粒黑痣，可說是聖胎神體。

呂仙祖未滿週歲之前，禪宗六祖慧能大師的徒孫馬祖禪師來到呂府，見呂仙祖面目清秀，仙風道骨，就對呂仙祖父親言道：「此兒骨相非凡，乃是風塵外物，他日見廬則居，見鐘則扣，謹記在心。」

依據《神仙通鑑》記載，呂仙祖俗名姓呂，名瓊，又一名紹先，字伯玉。三歲之時勤讀書文，八歲時典墳百家，無不精通，日記萬言，出口成章。十九歲參加鄉試即中秀才，廿一歲娶金氏爲妻，廿六歲省試中舉人，三十三歲赴京城會試不中，四十三歲二度赴京會試又名落孫山，四十六歲三度赴京又含恨而回。

黃粱夢乍頓悟

經過三次考試失意後，呂洞賓心灰意冷，四處流浪，在長安酒樓遇到長鬚秀目、青巾白袍、腰懸酒瓢的鍾離祖師，觀其形象應是一位洗脫風塵、心無罣礙的方外高人，兩人一見如故，喝酒暢談。呂仙祖將自己三度赴京會試不能高中之事，吐露讓鍾離知情。

鍾離祖師就在壁上寫了三首七言詩：

坐臥常攜酒一壺，不教雙眼識皇都。
乾坤許大無名姓，疏散人中一丈夫。

得道神仙不易逢，幾時歸去願相從。
自言住處連滄海，別是蓬萊第一峰。

莫厭追歡笑語頻，尋思離亂可傷神。
閒來屈指從頭數，得到清平有幾人。

呂仙祖看到壁上這些詩句，皆詩意飄逸，實非凡人所能，因此對祖師恭敬萬分，連連稱讚。此時鍾離就請仙祖吟一首詩，仙祖便動筆在壁上寫出：

生在儒家遇太平，
懸纓重帶布衣輕。
誰能世上爭名利，
臣事玉皇歸上清。

鍾離祖師知道仙祖是三清玉虛仙鶴眞仙投胎轉世，特別到酒樓渡化他，所以才在

▲指南宮裡，信衆以豐厚的祭品表達對呂仙祖的敬仰之情。

壁上寫詩。而呂仙祖所吟的詩句，鍾離也很滿意，就請呂仙祖隔天前往祂的道觀暢談。

鍾離祖師本名鍾離權，字雲房，是漢代人氏，所以在民間稱他爲漢鍾離，爲八仙之首，這次降下凡間來指引呂仙祖。呂仙祖依約前往，入道觀看見鍾離祖師在煮黃粱，仙祖不敢打擾，就坐在旁邊等候。坐了不久，便覺得有些睡意，就借鍾離祖師的如意枕休息片刻，沒一分鐘即睡去。

呂仙祖安然入眠，夢見他人生五十年的經歷：入京赴考高中狀元，皇上招親身爲駙馬，官居一品，富貴榮華集於一身，權勢顯赫，正當得意之時，被宮中大臣連累，犯了滔天大罪，全家被抄斬，他被充軍到蠻荒，回首當日的富貴權勢，竟變成悽慘下場，傷心萬分之時忽然驚醒，汗流滿臉，才知是一場惡夢……。

醒來之後，看見鍾離祖師猶在炊煮黃粱，不禁仰首長嘆，鍾離祖師就言道：

黃粱猶未熟，一夢到華胥。

華胥是古代國名。呂仙祖惶恐萬分，黃粱猶未煮熟，誰知夢中竟已經歷五十年，就請教鍾離夢中之事。鍾離說：「你方才所夢，升沉萬變，榮枯千端，五十年只不過瞬間而已，不必感傷，世間有大覺悟之人，方能修成正果，方能使得道業圓滿。」仙祖恍然頓悟，跪拜叩求，請漢鍾離收他爲徒，決心要

棄儒向道。鍾離權就帶著仙祖前往終南山鶴頂峰，在山林間修眞悟道，並傳授他煉汞之術。

十試呂洞賓

呂仙祖在終南山鶴頂峰，拋開一切潛心悟道，心靜如水。但是鍾離祖師仍擔心他凡心未盡，志行不堅，於是有《道藏》〈呂祖志〉所記載的「鍾離十試呂洞賓」的故事。

第一試爲呂洞賓自鶴頂峰返回家中，忽見家裡的人都病死，呂洞賓看著此景並不悲泣，平心靜氣的購買棺木來安葬死者，家中死者卻無故皆死而復生。

第二試是呂洞賓在市中賣東西，跟買主談好價錢，但是隔天買主反悔，拿一半錢給呂洞賓，呂洞賓也不爭論，微笑收下。

接著在年初一這天，呂洞賓出門時遇見一位乞丐向他求乞，就馬上拿銀兩施捨，可是這位乞丐嫌銀兩太少，收下之後，反而破口大罵！呂洞賓並不因此而生氣，而且還向他賠罪，此人又抽出短刀相向，呂洞賓就說：「如果你殺我可以消恨，我絕不還手，隨你處置。」隨後這位乞丐哈哈大笑飄揚離開，呂洞賓也經過第三次的考試。

第四試則是呂仙祖在山中牧羊時，遇到一隻猛虎，呂洞賓看見羊群危險，就將羊趕到山腳，親身擋住老虎，這隻老虎竟然掉頭而去。

第五試時呂洞賓獨自居住在山中草茅，日夜攻讀書，有一天他正在靜坐調息，忽然來了一位年約十八芳齡的少女，容華絕世、豔光照人，並且婀娜多姿，自言在山中迷失方向，天色已暗，要來借住一夜。呂洞賓就答應了，但是此女子言行舉止窈窕萬態、輕浮無比，並且百般戲弄，欲逼呂洞賓與她同床，呂洞賓坐懷不亂，不爲女色所迷，此女

子引誘三天，不成，就自己離開。

有一日呂洞賓在外閒遊回來，見家中所有物品、金錢被偷，他也不生氣，自己耕作以供三餐，在他用鋤頭挖地之時，發現地下有十幾塊金塊，馬上又用土掩住，視而不見，一無所取，就在不知不覺間通過了第六次試驗。

又有一次呂洞賓買了一些銅器，回到家中，銅器竟然全部變成金器，就馬上退還賣主，賣主歡喜萬分，這是呂洞賓第七次考驗。

有一瘋狂道士在街上賣藥，呂洞賓也在場觀視，道士言道，此藥服者必死，但來世可得道，眾人聽見如此無稽之談，紛紛離開，只有呂洞賓向他買藥，道士就說：「如你將藥服下，命送黃泉，不可怪我。」呂洞賓回家將藥服下，竟安然無恙，這是第八試。

第九試發生於呂洞賓與朋友一同坐船渡河時，忽然河水氾濫，狂風惡浪，眾人驚恐至極危聲四起，只有呂洞賓端坐不動，將生死置之度外。不久就風平浪靜，平安上岸。

最後一關就是呂洞賓在家中靜坐之時，忽見奇形怪狀鬼神無數，有的要打他，有的要殺他，呂洞賓毫無驚色，又有數名夜叉押著一位血肉淋漓的死犯，這位死犯對他說：

▲在八仙之中最具知名度的呂洞賓。

▲法師和信眾群集，參與呂洞賓祭。

「你前世殺我，今世償還我命來。」他就說：「殺人償命，理所當然。」言畢就拿刀欲自盡。突然，空中一聲大喊，鬼神瞬間消失，一神仙撫掌大笑而降，此人正是雲房先生鍾離權。

凡人若要經過這十關，恐怕是難上加難，所以世人對呂洞賓的尊敬並不是沒原因的。鍾離祖師對他心無雜念，置生死於度外的意志也非常滿意。所試呂洞賓這十關，有美女、金錢、鬼怪、猛虎、心性、待人……等，往往非世間人所能。鍾離祖師就傳授呂仙祖黃白之術，也就是煉丹之法，以白汞爲母，朱砂爲父，黑鉛爲子，用日月爐、文武火，經過七回九轉，煉成救世的丹丸。

潛心修道

鍾離祖師不但傳授呂洞賓上眞秘訣，而且又教他「點石成金」，呂洞賓言道：「點石

成金之後，他日可有變異？」祖師就說：「點石成金，三千年後還其本質。」呂洞賓又言道：「既然會誤三千年後之人，我不願爲也。」祖師微笑言道：「十試圓滿，又不願誤後人，可見你三千功德，八百果位，皆已證得。」

在唐武宗會昌二年（八四二年），鍾離祖師升天之時，對呂洞賓說：「十年後與吾相見於洞庭。」呂洞賓對祖師深深一拜，說：「祖師升天爲仙，我至今未有功德，必須渡盡天下蒼生，有功有德之後，我才願追隨祖師一同排列仙班。」言畢只見鍾離祖師慢慢升空而上，呂洞賓跪拜恭送。

鍾離祖師升天之後，呂洞賓養眞修道，不問世事。十年後前往洞庭君山，會見鍾離祖師，此時呂洞賓已近六十歲。鍾離祖師就帶著呂洞賓，拜見祂的祖師「苦竹眞君」，苦竹眞君授以「日月交并之法」。

唐朝僖宗乾符年間，呂仙祖年逾八十，爲避黃巢之亂，與夫人一同隱居在山洞裡，以洞爲家，所以自號爲洞賓，這就是後人稱呂洞賓之由來。其後夫人過世，洞賓獨居山中，故號「純陽子」，純陽乃是道家修行的最高境界，因爲人入世之後，染受七情六慾，形成陰陽混雜，修道之人必須修到塵陰之氣消失，只存純陽的通明道體，回復嬰兒本來的面目，這樣離仙佛之道就不遠了。

呂仙祖已經修持到面如嬰兒，道體純陽之氣，所以才號做純陽子，後人稱呼呂純陽。他在洞中悼念夫人一段時日之後，就改穿黃冠之服，改號「回道人」，雲遊四海，不問俗事。

又有「劍仙」、「詩仙」、「酒仙」這三仙之說，都是根據書中記載或者傳說，各人說法不同所致。

前面說「遇鍾則扣，遇盧則居」，有的記

載是呂洞賓先在廬山遇到火龍眞人，向祂學習天遁劍法，另一說則是先與鍾離祖師結緣，不管前後如何，世人已經無法證實。

在廬山得到火龍眞人的天遁劍法後，呂仙祖先居住在廬山，後來又身佩寶劍四海爲家，而且有詩提起此劍——

家居北斗星杓下，劍掛南天月角頭。
劍術已成君把去，有蛟龍處斬蛟龍。
夜深鶴透秋空碧，萬里西風一劍寒。
龐眉鬥豎惡精神，萬里騰空一躍身。
背上匣中三尺劍，爲天且示不平人。

除了這些詩句之外，還有很多傳說，包括呂洞賓斬蛟劈虎、招蛇化劍、飛劍斬黃龍、使劍雲遊、四處扶弱濟貧、除暴安良等，因此被世人尊稱爲「劍仙」。

呂仙祖持劍雲遊天下之時，曾有人對祂言道：「飛劍取命，惡人難逃。」仙祖談笑說道：「世多稱我能飛劍殺人，其實並非如此。慈悲者佛也，仙猶佛耳，安有取人命乎？我固有劍，蓋異於彼，我劍一斷『貪嗔』，二斷『愛欲』，三斷『煩惱』，我只存此三劍也。」

呂仙祖可說是酒中之仙，曾宣稱：「鶴爲車駕酒爲糧。」也時常指：「洞庭爲酒，渴時浩飲；君山作枕，醉後高眠。」並高吟：「無名無利任優遊，遇酒逢歌且唱酬。」呂仙祖「行即高歌醉即吟」，曾經三醉岳陽樓，飛渡洞庭，所以世人稱其爲仙界中的酒仙。

仙祖勸人向善的詩句很多，在《全唐詩》中記載有詩二百四十九首，其中有煉丹的歌吟，也有宣揚修眞煉性的詩文：

物外煙霞爲伴侶，草衣木食輕王侯。

▲呂洞賓祭典中所用的拜斗燈。

眉因拍劍留星電，衣為眠雲惹碧嵐。
兩輪日月憑他載，九個仙河一擔擔。
偶因博戲飛神劍，摧卻終南第一峰。

由於呂仙祖在凡間流傳的詩句處處可見，所以詩仙之名也一直流傳下來。

在呂仙祖將近百歲之時，有一日路過武昌黃龍山，巧遇黃龍禪師，得禪師授以禪宗大法，而證佛果，至佛、道雙修功成圓滿之時，已經一百二十餘歲，心無罣礙，終於圓寂升天。

仙祖顯化的事迹

以上所介紹的是《道藏》以及《神仙通鑑》裡所記載的呂仙祖。而清代時期《呂仙祖江州望亭記》說仙祖是京州人，身長五尺二寸，五十歲得道，所渡者計有何仙姑、郭上竈二人。

《呂仙祖本傳》記載仙祖名叫呂嵒，字洞賓，六十四歲遇鍾離祖師。民間流傳，呂仙祖是京兆人，且是唐室宗親，姓李名瓊，因避黃巢之亂，入山洞修道，因為洞有兩個口，才改姓為呂，又洞在山岩下，又改名為巖，以洞為家，又號洞賓。仙祖眞正

名字沒人敢斷言，所有共同點就是呂洞賓這個名號。

呂洞賓成仙之後，時常顯化渡人，作詩句感化世人，也有二段有趣的顯化事迹流傳下來，分別是仙祖為明太祖理髮，以及呂純陽三戲白牡丹。

相傳明太祖朱元璋頭生腫疱，每次理髮時都痛苦萬分，奉旨入宮的理髮師常因剃傷腫疱而招殺身之禍，因此人人深怕接旨入宮。呂仙祖本其渡世的精神，化身為理髮師，進宮為朱元璋理髮，並且醫好他的腫疱。朱元璋龍顏大喜，賞賜無數金銀財寶，仙祖一一謝絕，只求一面紅旗。

出宮之後呂仙祖將紅旗插在理髮店前，從此就不知去向，理髮師感激祂仁心濟人之德，尊奉為職業守護神。明代時期典制，只有中過舉人以上的人才能將紅旗插在門口，理髮業者有此特權，完全拜呂仙祖所賜。

至於三戲白牡丹，正確的事迹則是：仙祖有一日化身凡人雲遊人間，在湖南鳳凰酒樓前，聽到有人喊打的聲音，仙祖就向前解圍，所救是一位白面書生，仙祖問他被毆打的原因，這位書生向仙祖說，他本來有一位貌如天仙、知書達禮的

▲金碧輝煌的神明造像，是信徒表達敬意的方式之一。

未婚妻，名叫白牡丹，因爲牡丹的父親無錢繳租還債，被惡徒強賣到酒樓。這位書生家內貧窮，無錢爲未婚妻贖身，而且每次前往酒樓都被惡徒打傷。

仙祖就化作酒客，點名白牡丹陪酒，又假意戲弄，並以金銀珠寶相贈，百般引誘，要試探白牡丹的貞節。總共試探三次，全被牡丹拒絕，仙祖明白牡丹乃是貞節淑女，且知書達理、情義至堅，就有意要成全他們兩人。

呂仙祖唸動咒語，使白牡丹半邊的臉全都變成黑色，視之猶如女夜叉，酒客見狀退避三舍，無人敢叫她陪酒。然後仙祖再用銀兩替她贖身，與白面書生結成夫妻，書生並不嫌棄她面容變黑，仙祖心內有數，就還白牡丹本來面貌，兩人跪拜叩謝時，仙祖已經不知去向。

湊成他人美滿良緣，乃出自呂仙祖慈悲的

▲民間信仰常於喜慶或祀典中懸掛八仙綵。

心腸，無奈後世卻謠傳祂與白牡丹有一段情緣，更認為呂仙祖是專門破壞姻緣之神，致使情侶、青年男女，不敢進入仙祖之廟宇敬拜，實在令人啼笑皆非。

自呂仙祖成道以來，歷朝的皇帝都對祂非常敬重，北宋太祖敕封為「妙道眞人」；元世祖封他為「純陽演正警化眞君」；元武宗封賜「純陽演正警化孚佑帝君」。另外玉皇上帝敕封為「昊天金闕內相孚佑帝君文尼眞佛」、「三教統眞興行演正妙道天尊」和「大羅天仙」，遨遊宇宙仙河不受任何神佛管轄。

民間信仰中，凡宮宇、寺廟、齋醮、祀典等等，都必須懸掛八仙綵，以表敬意。呂仙祖所作的經文不計其數，計有《陰符八品眞經》、《金剛經注解》、《呂仙祖直解金剛經》、《禪宗正旨》、《呂仙祖眞經十四章》等。

流傳在民間關於呂仙祖的詩句非常多，尤其以七絕詩文最為盛行，在此選錄三首，供作欣賞。

不用梯媒向外求，還丹只有體中收。
莫言大道人難得，自是功夫不到頭。

不負二光不負人，不欺神道不欺貧。
有人問我修行法，只種心田養自身。

或為道士或為僧，混俗和光別有能。
苦海翻成天上路，毘盧常點百千燈。

這些詩句裡，充分表現了呂仙祖求道修行的決心，和關懷世人的信念，只有反求諸己，心田自種，並且持之以恒，才能夠得道；也只有混俗和光，不負世人，才能千秋萬世、為萬民所崇祀。

坐鎮泰山勤守護

——護國祐民的碧霞元君

碧霞元君乃泰山東嶽大帝的女兒，
傳說祂職掌人間善惡，
是權位極高的女神，
因此民間信仰流傳一句話：
「南有媽祖，北有碧霞。」

民間信仰流傳一句話：「南有媽祖，北有碧霞。」指出媽祖和碧霞元君同樣都是廣受尊敬、信徒眾多的女神。

碧霞元君又稱泰山娘娘，是中國北方最受崇拜的神祇之一，祖廟在泰山頂，光是北京就有四十多座碧霞祠。

清代張爾岐《蒿庵閒話》記載：漢代東嶽大帝內殿有一座金童玉女的雕像，不幸在五

代時，大殿倒塌，金童的雕像被毀，玉女塑像則掉進水池中。到了宋代，眞宗皇帝到泰山封禪時，在山上的池邊洗手，忽然由池中浮起一個石頭人，眞宗驚異之下，就派人將石頭人撈起至池邊，經過清洗之後一看，竟然是一尊玉女的塑像，這件事情過後不久，宋眞宗就下令在泰山建廟祭祀。宋眞宗認爲此玉女塑像是東嶽大帝的女兒，故敕封爲「天仙玉女碧霞元君」，賜廟名爲「碧霞元君祠」。

▲奉祀碧霞元君的岱廟，信徒絡繹不絕。

衆說紛紜的傳說

《神異典》二十卷指出，碧霞元君本是黃帝身邊的一位仙女。相傳，黃帝在泰山建岱嶽觀之時，曾經派七位玉女雲冠羽衣，迎接西崑崙眞人到泰山，其中有一位玉女追隨西崑崙眞人刻苦修行，修煉元眞而得道升天，玉皇敕賜封號爲「碧霞元君」。

明代王之綱所寫的《玉女傳》中也有碧霞元君的記載，漢明帝時期有一個大善人名叫石守道，夫人金氏生了一位女神童，慧穎無比，三歲能知人倫，七歲通曉道教法力，日夜禮拜西王母，十四歲得到曹仙長的指點，入泰山黃花洞修煉，道成飛升，玉帝封爲碧霞元君。

《靈應泰山娘娘寶卷》則指泰山娘娘碧霞元君，本是西牛賀洲升仙莊金員外的夫人金氏所生，三歲食齋，七歲悟道，長大之後，天資絕色，美若天仙，皇帝宣召進宮爲妃，但她不願享榮華富貴，前往泰山隱居修行。她的父母知聞女兒在泰山修道，就前往苦勸，但碧霞元君堅持不回，請父母原諒不孝之罪。

在泰山潛心修行三十二年後，碧霞元君在農曆四月十八日得道成仙，玉皇大帝尊封祂

▶在中國北方碧霞元君相當受重視。

◀碧霞元君是泰山的守護神。

爲「天仙玉女碧霞元君」。從此天仙玉女碧霞元君永鎮泰山，爲百姓送子賜福、醫病渡人，勸人行善，成爲護國庇民的泰山娘娘。

一只繡鞋得道升天

民間傳說中，碧霞元君是玉皇大帝的妹妹，也有人說是玉帝的女兒投胎轉世到中國泰山一戶農家，名爲碧霞，自幼聰敏伶俐，孝順父母，心地非常善良，也很樂於助人。

有一日觀世音菩薩對她說：「徂徠山西北方向五十里，有一座天下名山名爲泰山，妳到泰山之後，先在山腰找一棵最大的松樹，樹下三尺有一顆木魚，妳往下再挖三尺，脫下一隻繡花鞋埋進去，將本來的木魚放在妳的繡花鞋頂面三尺，再把泥土恢復原狀，日後必有

▲面容溫婉和神態安詳，幾乎是每位女神被賦予的形象。

大造化。」說完觀音大士就消失不見。

碧霞叩謝指示後，就回家中拜別父母，往泰山而行，來到泰山山腰，遵照觀音大士的指示，將自己的繡花鞋脫下一隻，埋進大松樹下，然後一直在泰山頂結茅爲舍。

經過一年之後，玉皇大帝召集神仙到泰山玉皇頂，要封泰山之主。眾神仙齊集泰山時，玉帝就問：「哪一位神仙先到泰山？」此時有一位身材魁梧，氣宇非凡的神仙說道：「啓稟玉帝，下神來得最早。」這位正是掌管天下樹木之神——柴王。玉帝問：「有何憑據可以爲證？」柴王答道：「泰山頂有一棵大松樹，我在樹下埋有一隻木魚，這就是憑證。」又見有一女子由眾仙佛列中走出，向玉帝跪拜叩禮曰：「小女子比柴王早登泰山，在大松樹下埋有小女子的繡鞋一隻。」

玉帝命天將挖地驗證，果然在三尺深有一木魚，向下再挖三尺，又有一隻繡花鞋出土，與此女子的另外一隻花鞋正好成爲一雙，玉帝就敕封她爲泰山娘娘碧霞元君，永鎮泰山。

關於碧霞元君的身世，諸多記載都大不相同。《道藏元始天尊》和《碧霞元君護國庇民普濟保生妙經》都說祂是東嶽大帝之女，統嶽府之神兵，是執掌人間善惡權位至高的女神。農曆四月十八日爲其聖誕千秋，在這一天，中國北方碧霞祠的熱鬧盛況，可是足以和台灣「三月瘋媽祖」的盛會相媲美的哦！

妙手回春尊神醫
——華陀仙師養生有道

華陀潛心於醫學研究，精通藥方的調配，是第一位利用痲醉進行手術的醫生，醫治過歷史上無數的名賢能士，此外自創一套名爲五禽戲的養生術，與現代健康體操理念相符。

現代社會之中每一個人，若身上有病痛，一定會去找醫生，而進入醫院中，經常可以看見「懸壺濟世」、「華陀再世」等匾，由此可見，每一個醫生都希望自己能成爲華陀再世。

東漢時期的神醫華陀，醫術之妙，世間罕有，華陀又有另外一個名字，叫做旉，字元化，是沛國譙人。根據《三國志》以及《後漢書》的記載，華陀少年時是一位飽學的儒士，博覽群書，精通五經，當時沛國宰相陳珪，以及太尉黃琬，都非常欣賞華陀的才華，欲極力推薦他爲官，但是華陀生性對名利淡泊，視權勢富貴猶如浮雲，就婉拒他們而雲遊四海。

華陀爲一名儒生，如何會成爲人人尊敬的神醫？相傳乃是由一個特殊的機緣，神仙授與秘方所致。

有一日，華陀遍遊山野之間，來到公宜山的古洞前，忽然聽到洞中有兩個人談論療病

▲著名的神醫華陀，早在西元前兩百多年，已經動過外科手術。

▼鹿港鳳朝宮供民衆祈求的草藥，是否能如華陀一般妙手回春？

的方法，見解獨到而且非常高明，因此華陀就進洞懇求兩人傳授醫學。洞中兩位老人要求華陀務必做到治病無高下、貧富、貴賤之分，而且不可害怕勞苦等，才願賜他方術之書，華陀叩頭答應，既得書，兩位老者已經不見蹤影。

出洞之後，剎時雲崩雨瀉，洞摧石塌，古洞已不存在，華陀才明白授書的兩位老者，乃神仙顯靈特地前來賜予醫學書籍。華陀得書之後，潛心研究，不久就成為名聞一時的神醫。

首創外科麻醉治病

華陀不但精通藥方的調配，也是歷史上外科手術的名醫。為了使患者感覺舒適，華陀進行外科手術時，首先用印度大麻的原料「麻沸散」來做麻醉藥，患者飲用之後，不久就呈現昏迷狀態，再來進行手術，而當患者醒來時，手術已經完成，因此不會感覺疼痛。

▶即使是到了二十世紀末期，寺廟裡的藥籤使用頻率依然居高不下。

用麻醉來進行手術，在當時是十分神奇的醫術。因此可見在幾千年前，外科專門技術之發達，華陀就是用麻醉的方法，使病人在沒有疼痛的情形下，替病人開刀，成為聞名一世的神醫，也是有史以來第一位使用麻醉藥的醫生。

關公的臂與曹操的頭

華陀曾經醫過很多名賢能士。三國時期群雄並起，一代武將關公，民間尊稱關聖帝君，在攻打樊城時被毒箭射中手臂，部下將他帶回陣地，手臂漸青腫，陣中眾軍醫束手無策，不敢醫治，華陀一向仰慕關公忠義稟然，就渡江前來爲關公療毒。

關公知道華陀是聞名的神醫，而專程來爲他療傷，十分高興，因此即刻進行手術。相傳華陀替關公拔毒箭時並未使用麻醉藥，關公面不改色，談笑風生。華陀將關公醫好之後，關公設宴款待並贈送黃金以致謝意，但華陀堅持不收，留下傷藥便起身而去。

三國時期的梟雄曹操有一次頭痛欲裂，頒布天下廣召名醫進宮醫治，但進宮的醫生無法醫治其症，因此家臣介紹華陀來替他看病。華陀爲曹操診斷之後，說曹操之症要使用外科開刀手術才能治好，可是曹操是一位疑心病很重的人，知道華陀十分敬重關公，曾經替他療傷，說不定這次想藉由開刀的手術殺他，因此將華陀押入大牢。

華陀自知這次難逃一死，就將自己歷年來整理的醫學理論送給獄卒，希望能流傳後世，做爲醫學的基礎，可惜獄卒怕受連累，便將華陀神醫的書全都付之一炬，令後世引

◀台灣奉祀華陀並不普遍，天醫真人則是另外一位醫神。

以爲憾。

養生術健體魄

除了以外科聞名之外，華陀也是養生術的發明者，他的理論簡單，因此廣受世人接受。而且，事先預防受傷、生病，即使在現代醫學也是相當先進的理論。

相傳華陀靠自己發明的養生術，而活到一百二十歲左右。他的養生術稱爲五禽戲。五禽戲是一種導引，用現代語言來說，就是一種健康體操，華陀在〈養生術〉一文說明，人體是適合運動的，搖晃身體，可使體內穀物之氣消失，血脈暢通，無病無痛，以前仙人稱之爲導引，即伸展身體、活動關節以防老化。

這套體操被命名爲五禽戲：一是虎，二是鹿，三是熊，四是猿，五是鳥，身體不舒服時做五禽戲，便能使體內之氣暢通而出汗，

練五禽戲便能耳聰目明。

華陀所創五禽戲之虎戲是四肢著地，向前跳三下，向後跳一下，伸展腰部，然後仰頭重複前面的動作，如此重複七次。

鹿戲則四肢著地，頭向前伸，往左回頭看三次，往右回頭看兩次，然後左右腳各伸展三次。

熊戲需仰臥、雙手抱膝、頭左右伸展各七次，盡量接觸地面，然後蹲坐起來，左右手輪流伸向地面，支撐體重。

猿戲指懸吊在某種支撐物上，擺動十七次，再用腳懸吊，左右腳交替，各七次，接下來再以兩手懸吊，使頭部上昇下降七次。

鳥戲是兩手伸向正下方，一隻腳如鳥尾一般往後抬起，兩手用力向前伸出，反覆七次，坐著伸直兩腳，手接住腳後跟七次，兩膝伸縮七次。

以上就是華陀五禽戲養生術內容實行的方法，一九七三年，考古學家在中國長沙漢代遺留的馬王堆墓內發現導引圖，由此可見，漢以前就有養生術，而後來廣泛流傳的氣功也就是導引的一種。

華陀的五禽戲使自己延緩老化，一百二十多歲才升仙得道。根據記載，華陀與弟子吳普、樊阿，因長期做五禽戲，三人都活超過一百歲，耳聰目明、齒白髮黑，視之如壯年，當時稱之爲神醫或者仙醫。

中醫藥界因崇敬華陀救人濟世的精神，以及出神入化的偉大醫術，故奉祀祂爲華陀仙師，而各地區廟宇亦供奉華陀，爲民間身患疑難雜症卻求助無門的信徒，帶來無限的希望與安慰。

▶華陀是養生術的發明者，而運動養生的觀念，即使至二〇〇〇年代仍相當盛行。

善惡到頭終有報

——揚善懲惡的城隍爺

城隍信仰最初是城牆和護城河的建築崇拜，後來才轉變爲人格化的神祇，民間深信城隍是公正無私的司法神，專門解決陽世間無法解決的糾紛，以補償在陽世受委屈的人。

台灣民間信仰強調善有善報，惡有惡報的因果報應，把現實生活裡無法達到的絕對公義，寄託於死後世界。城隍爺的信仰，就是在彌補人間司法的漏洞。

城隍又稱城隍爺，是官民所共祀的神，也可以說是城區的守護神。在民間信仰中，城隍爲兼通陰陽兩界，職司善惡的公正之神。而民間如有病患災禍，地方官民又必須向祂請罪。

城隍名稱最早見於《周易》一書中「城復於隍」之句。城是指城壁，隍是指城池，所以城隍是陰陽合一的自然神。

▲舞獅為城隍祭增添了熱鬧氣息。

鎮閩台二省泰鏡中判
歡迎

▲台灣府城隍廟歷史悠久，信徒衆多。

水庸之神

城隍神原名「水庸神」，帝堯時列爲天子祭祀的八神之一。在《禮記》中有「天子大蠟八，水庸居其七」之記載。其中水庸解釋爲「水則隍也，庸則城也」，就是城隍之神。簡單來說，城指城牆，隍指護城河，也就是保護城市的防禦工事。最初所祭的城隍，就是防禦的建築物。所以城隍神原爲人爲的建築物之神，其崇拜自有城的建築開始。

早期「水庸神」爲自然神，既無神像又無廟宇，祭祀的方式，只是築土壇而已。而祭祀的人也僅限於天子，一般百姓不得參與。

最早有廟祠供奉城隍是在三國時代，《北齊書》中記載：「城中有神祠一所，俗稱城隍神，公私每有祈禱。」城中所指是東吳孫權的城。由此可見，在三國時代，民間已有

建廟奉祀「城隍」了，這也是已知最早的城隍廟。

到了唐代，各地陸續增建廟宇，祭祀城隍也日漸普遍，大家都是爲了祈雨、求情、招福、禳災。宋代各地都設有城隍廟，而朝廷對城隍也相當尊敬，不僅贈賜廟額，並進而封贈爵位。

人格化的信仰

後來城隍演變爲人格神，只要是忠良孝悌有德，或有學問的人，過逝之後建廟祭祀，也尊稱爲城隍。楚漢相爭之時，劉邦手下大將紀信爲劉邦而死，有漢代孤忠之美名，後人稱爲蘭州城隍；唐代初期名將龐玉爲會稽城隍；漢代大將軍霍光是上海城隍；宋代名臣文天祥也被奉祀爲北京城隍爺。

明太祖朱元璋對城隍非常的敬重，開國之時，洪武二年（一三六九年）正月，封京都

▲人間際遇個個不同，城隍信仰為善惡因果提供合理的解釋。

恭祝
爺千秋

▶宜蘭迎城隍時，吸引許多人潮。

▲形象莊嚴肅穆的城隍爺，是公正無私的司法神。（圖上左、上右）

▼台灣的城隍信仰相當普遍，各地城隍廟香火鼎盛。

城隍爲天下都城隍，封號爲「承天鑒國司民升福明靈王」，開封府城隍爲「顯聖王」，臨濠城隍爲「貞祐王」，太平城隍爲「英烈王」，和州城隍爲「靈護王」，滁州城隍爲「靈祐王」。

這六位城隍除了皇帝以外，和太師、太傅、太保「三公」，以及左右丞相平起平坐。又封府城隍爲鑒察司民城隍「威靈公」，州城隍敕封爲「靈祐侯」，縣城隍爲「顯祐伯」，又詔天下府、州、縣，重建城隍廟，高度與寬度等規格與當地官署、衙門相同，甚至連案桌也相同，又設京都城隍，統各府、州、縣之神以鑒察民之善惡、禍福，使幽明皆不得倖免。

排解糾紛辨善惡

城隍爺所管轄之事與陽世的地方官一樣，座前有房吏街役，兩邊有文判、武判、延壽司、速報司、糾察司、獎善司、罰惡司、增祿司等二十四司，還有七爺與八爺、牛頭、馬面、三十六關將，及七十二地煞等，一起協助城隍爺鋤奸罰惡，後堂還有城隍夫人、城隍少爺等。

一般民眾進入城隍廟之後，都可以感到一種莊嚴肅穆的氣象，進入廟內，首先就可以看到「爾來了」三字，還有一付大算盤，或一面「善惡分明」的銅鏡，暗示每個人都有來到此地的一天。到那時刻，公正威嚴的城隍爺就要依據「善有善報，惡有惡報」的法

◀肅穆莊嚴的台北霞海城隍祭典中出現清涼的演出，令人唏噓不已。

則，把人們一生的善惡和所作所爲，仔細算個清楚。

台灣的城隍爺很靈赫，各地城隍廟香火鼎盛。由於民間相信城隍爺是公正之神，因此每當有糾紛發生時，一旦善惡難分、眞假莫辨，就要舉行「神判」。民間就在城隍廟裡「賭咒」或「發誓」，最嚴重的是「斬雞頭」，即表示如果所說不是眞實，甘願像那一隻雞頭被斬掉。在選舉期間，常有候選人爲表明心

▲霞海迎城隍可以說是台北市最重要的民俗活動之一。

跡，而在城隍爺面前斬雞頭賭咒，以爭取選民的信任。

城隍信仰本爲有關於城牆和護城河等建築物的崇拜，繼而演化爲人格神，只要爲人公正、正義，對地方有貢獻的先賢，都可由玉帝賜旨下降人間爲地方城隍。因爲城隍的轄區與地方官相同，而官階亦類似，因此城隍成爲地方上的行政神兼司法神，專門解決陽世間無法解決的糾紛，補償陽世間受委屈之人，給予心靈上的安慰，以維繫社會和諧。也正因爲民間篤信城隍爺是公正無私的司法神，因此城隍爺也成了人們心中所尊奉的公正化身，以及確保社會安寧的精神基石。

燒林闢地建穀城

——神農大帝開拓農業根基

教導百姓種植技術，使農民作息有規律，親嚐百草紀錄數百味醫藥良方的神農大帝，曾制定衡量標準，以日中爲市，奠定漢人經濟商業基礎，立五官掌火事，使百姓脫離原始的生活型態。

神農大帝是上古三皇之一，世稱炎帝，又有烈山氏、伊耆氏、大庭氏、魁隗氏等稱號。在民間信仰中尊稱爲先農、先帝爺、五谷仙帝、藥王、藥王大帝、開天炎帝、五穀王、五穀大帝、粟母王、田祖、田主、土神等。

相傳盤古開天闢地之後，有天、地、人三皇，這三位乃是燧人、伏羲、神農。《尚書》〈大傳〉說道：「燧人以火紀、陽尊，故託燧皇於天；伏羲以人事紀，故託羲皇於人；神農悉地方、種穀蔬，故託農皇於地。」有關神農氏之生平事迹，古書記載非常多，但

◀現代農業的成就，該感謝神農教導人民開墾土地的功迹。

大部份皆屬斷簡殘篇，其中以《中國五千年史》、《周易》、《史記》〈三皇本紀〉、《詩經》〈大雅生民〉、《楚辭》〈天問〉等，綜合正史與野史詩集，或者巷里傳聞，來做爲探討神農氏一生傳奇事迹的材料。

《中國五千年史》一書云：「炎帝神農氏，起於烈山，稱爲烈山氏，爲人皇，少典之子。母親名爲方登，是有蟜氏之女，方登有神龍之感，因而生神農，在姜水生長故以姜爲姓。」《史記》〈三皇本紀〉曰：「女媧氏沒，神農氏作，炎帝神農氏姓姜，母親是有媧氏之女叫做女登，是少典之妃，生下神農是人身牛首。」

神農降世

綜合《詩經》〈大雅生民〉以及《楚辭》〈天問〉的說法，帝嚳元妃姜嫄，有一日出外閒遊，忽然有感飛龍之祥瑞，不久就身懷

北港朝

▶神農帝面容呈現黑白紅三種顏色，表示教民農作、嘗百草和縱火燒林的事迹。（圖右、上右、上左）

▲在傳統農社會裡，神農信仰相當普遍。

六甲而產下一子。由於此嬰兒長得怪異，姜嫄以爲不祥之兆，而丟棄在狹窄的街巷，牛與馬看見此孩子卻不敢踏過，而返回另尋通路；姜嫄又將嬰孩丟棄在冰天雪地的山上，飛鳥馬上以羽毛覆蓋此嬰孩。姜嫄見狀驚異萬分，只得抱回養育，取名爲棄。

棄在姜水（行政區域後屬中國陝西省岐山縣西）生長，自幼稟賦優異，降生後，三日能說人語，五個月能行，七個月長牙齒，三歲便知農業之事。棄在孩兒之時已胸懷大志，時常以種樹、菽、麻等爲樂；長大之後，專心研究農事，能選擇土壤性質以種植五穀，成果豐碩，名聞四方。

當時百姓以肉食爲主，不食穀物，而棄本性好生惡殺，所以就教人民開墾土地，種植百穀維生，百姓才漸漸以穀類爲主食，爲誦念其功德，開始以「神農」之美名尊稱。同時，神農也削木作鋤，取枝爲柄，做爲農具，教人民農耕之法。

遍嚐百草得良方

神農雖引領百姓越過獸猿原始時代，進入播種五穀的農業生活，但是還有不少百姓爲疾病所苦。於是神農遍嚐百草，辨其良惡藥性，曾經一日中毒七十多次，完全置個人生死於度外，也因此得知若將數種毒草混合，可得調和作用，一共得到三百六十味藥草，分寒、熱、溫、平四等，以及甘、辛、鹹、苦、淡、酸六味，可治四百多種疾病。從此人民不畏疾疫，漸漸達到資生、延年的目的。

據說神農曾因拒絕爲眾人之王，便策杖遁入山林，其間有七年沒有吃東西。飢餓難耐之際，就挖地中黃色球形的東西來止飢，吃了之後赫然發現血氣調和，脈息平順，便稱此物爲「地黃」。後又得一塊黃色塊狀物，

此物能生津止渴，便命名爲「黃精」，此二物後來一直被視爲極好的中藥材。

相傳神農氏在太醫皇人處，獲得《天元玉冊》一書，知道人因疾病所侵，天命有限，就在草木之中尋藥石相救。由於神農身軀透明，可見藥效所達之處，再逐一登錄於冊，中國的醫道便自始而立。可惜神農後來因誤食嬰子，肚腸變得漆黑如墨，再也無法觀察藥物進入腹中所生的變化。

神農大帝試百草，鑑別其平毒寒溫各性而加以混合應用，做爲醫治人民疾病的良方，共得三百六十物，以應周天之數，後世傳承爲書，謂之《神農本草》，所以神農帝又有「藥王」之尊稱。

引火焚林，百姓安居樂業

遁入山林期間，神農見大樹盤根錯節，連理交枝，許多猛獸飛禽藏在其中，危害百姓甚鉅，便縱火燒林，火勢綿延四野，叢林雜草焚燒殆盡，一舉消滅野獸害蟲，百姓得以安居，因此尊稱神農爲「火帝」。

燒林之後，西北土壤焦黑一片，川竭山崩，連年不雨，神農便教西北居民種植根莖植物，暫時紓解糧食問題。有一日，一位自稱是「赤松子」的人出現，他身披草領，下繫皮裙，指甲長如利剪，蓬頭垢面，遍身覆蓋黃毛，手舞柳枝，舉止相當古怪，聲稱能解決西北焦土一事，神農便作揖行禮請教解決之道。

只見赤松子解下腰間盆子，盛滿清水，走到高丘處，以柳枝蘸水四下遍灑，不久霧起雲生，大雨嘩然而降，水自原本乾枯的河谷泉湧而出，大地頓時又恢復生機。赤松子自雨中走來卻滴水未沾，此時神農得知他就是傳說中的「雨師」，曾經在王屋修煉多年，具呼風喚雨的能力。由於赤松子得知神農聖

▲愈是淳樸的農民，愈懂得感念神農教民農作的恩德。（圖右上）

▲神農曾經嚐百草，所以又有藥王之稱。（圖右中）

▶神農大帝又稱炎帝，與

▲台南迎接神農大帝的神鑾遶境，過程莊嚴隆重。

名，特來解救民困，大地又恢復生機。

後來天地一片黑暗，造成諸多不便，神農有感於此，就將油質植物做成油膏，再將油膏注草製燈蕊，做成簡單的細燭，做為夜間的照明工具，更用以禮敬神明、祝告天地。又立五官掌火事，天火為春官、鶉火為夏官、西火為秋官、北火為冬官、中火為中官，五官各司其職，故人民將「火帝」之名改尊為「炎帝」。

社會型態漸定

燧人氏曾提倡財貨交易，神農大帝更以「日中為市」，創設市場使商業發展，並制定「權度量數」，做為物質輕重、長短、多寡、損益及價值貴賤的衡量標準，使百姓互通貨財，建立經濟基礎，改善初民生活，此為漢人最早的商業型態。

另外神農大帝也可說是最早提倡生態保育

的人，在春夏正逢動物繁殖之時，要求百姓不得濫殺，使萬物得以繁衍生長，並選擇平地，四面築牆，在其中耕作，稱作「穀城」，將稻子耕作收割一次的週期稱爲「一季」，此後農民作息規律，穀倉豐盈。

神農認爲人民能享萬物，皆得自於神明之賜與，所以規定田事告成後，應於十二月舉行八祭。到了漢代，因感念神農之功，故以「太牢」之禮祭祀，太牢是以牛、羊、豬三牲爲祭品，爲祭祀之最高敬禮。後來又因牛有功於農，而改羊祭。又有一說是因爲神農牛首人身，所以不用牛祭。

清雍正年間（十八世紀初期）設立先農壇，每年由地方官率老農致祭，場面盛大，而歷代天子每年首祭即爲「祈農」之祭，神農祭典備受尊崇由此可見。而台灣民間以神農氏爲主祀神的廟宇達一百多座，並以農曆四月二十六日爲其聖誕祭日，祭典依循古禮進行，莊嚴隆重，能充分表達炎黃子孫的感恩之情。

台灣廟宇奉祀的神農大帝造型多樣，有頭角崢嶸、袒胸露背、腰圍樹葉、赤手跣足、手持稻穗之原始造型；也有儀表如莊稼漢，樸實親切之神貌；更有白、黑、紅三種不同尊容之神像，用以表達神農大帝教民農事、食百草、縱火燒林之事迹。然另有一說神農因食百草，依藥草之良毒而變色，所以有白、黑、紅之尊容呈現。

此外，由於神農帝教人耕作、試百草、作燈火，愛民如子之風範深入人心，因而農民、藥商、糧商、醫師等都奉其爲職業守護神或祖師爺。隨著工商時代來臨，以農立國的單一性已被多元化的社會型態所取代，然而對於神農帝啓迪之功，後世子孫仍應永誌不忘。「民以食爲天」，在一飲一食之中，應懷抱感恩之情以謝天地覆育之恩。

▶民以食為天，在一飲一食之中，都應懷抱感恩之情。

精妙巧手奪天工

——巧聖仙師魯班成為木匠祖師爺

魯班在世創作了非常多的木工器具，在民間流傳最出名的就是魯班尺，祂的技藝精巧，無人能出其右，所發明的東西流傳至後世已有二千多年，即使在科技發達的二十世紀仍被使用著。

台灣民間信仰是一個多神化的社會，每一個行業都有它的職業神，也就是各行各業的創始者，或有傑出表現者，常被視爲保護神或祖師爺，如木工的

◀巧聖先師廟建築精美，彷彿魯班公顯靈為自己蓋的一樣。

祖師巧聖仙師魯班。祂在世的俗名叫做公輸班，誕生於春秋戰國時期的魯國，所以大部份的人稱祂爲魯班。

巧遇工匠鮑志

魯班生於魯定公三年（西元前五〇七年），還有人說是魯哀公初年（西元前四九四年）左右。根據《史記》所述，春秋時代天下紛亂，群雄割據一方，公輸班有意跟隨周王，但不得周王重用，就隱居在歷山南方的小和山，前後共計十三年。

有一日魯班巧遇當代非

常有名的工匠鮑志，二人一見如故，相談甚歡。魯班心想不能擇得賢主明君，退而求其次，如能學得一身好技藝，將來必定有出頭之日，就投在名匠鮑志門下。魯班天資超凡，在鮑志的調教之下，短短幾年就青出於藍，所做的木工比鮑志更細更巧，使鮑志讚嘆不已，並說道：「魯班之巧，巧在妙、巧在絕。」《呂氏春秋》〈愼大篇〉云：「公輸班，天下之巧匠也。」

自創各式工具

魯班得到鮑志眞傳之後，又細心研究，發明了日常所需要的用具，如盛物的畚箕、划水的櫓槳，以及畫四角與圓型、曲直之規矩、準繩等。相傳魯班的夫人雲氏也有一雙巧手，曾編製雨傘以及各種器皿，夫妻兩人同心協力精研出刨刀、鑿子、鑽錐、斧鍬等物。

魯班巧奪天工之木工手藝表現最輝煌的時期，正是政局最紛亂的春秋戰國時代，也是社會大變革的時代。此時期因爲鐵器被廣泛使用，生產力有很大的提高，同時，手工業也有進一步的發展。以木工爲例，早在西周時期即有很細的分工，而魯班更能發揮所學，研發各種器械，以利後人使用。楚國得

▲精美的木雕，當是出自如同魯班一般的巧手。

知魯班能做各種木工，就聘請他爲楚國製造各類機械器物，以及作戰工具，並創作雲梯準備攻打宋國。

精工巧手魯班尺

魯班創作了非常多的木工器具，在民間流傳最出名的就是魯班尺，又稱文工尺，尺上刻有生、老、病、死、苦五等分，一般風水地理、廟宇建築、神龕排設，尺寸都以魯班所發明的文工尺爲標準，而且尺上紅色是陽事使用，黑色是陰事使用，大部份的人都不需要量到死、病、苦這三項。

先賢聖德在書籍記載中都提起魯班的巧，《孟子》〈離婁〉篇說道：「公輸班之巧，不以規矩，不能成方圓。」《墨子》〈魯問〉曰：「魯班削竹，木以爲鵲，成而飛之，三日不下，魯班自以爲至巧。」《淮南子》〈齊俗訓〉云：「魯班、墨子，以木爲鷹而飛，三日不集。」

▶所有木雕師傅都希望能擁有魯班的巧手慧心。

戰國時期的聖賢墨子說魯班用竹或者木做成鳥，能在空中飛行三天。在東漢王充的《論衡》裡，也有一段記載說魯班做了一輛木馬車，連趕車的人也是用木材做的，可以趕著車跑，他的母親就坐在車子裡，並且認

▲巧聖先師廟的龍（左）邊供奉文工尺、墨斗和墜仔。

▼巧聖先師廟的虎（右）邊供奉斧頭及鋸子。

◀巧聖先師可以說是聰明才智和創造力的化身。

▲巧聖先師急難助人的品格，也值得後世推崇。

為用木做成鳥在天空飛翔是有可能的，但做成馬而能跑，則只是傳說並非事實，可能是後人對魯班的智巧描寫得太過於神化所致。

魯班在木工方面，創造了許多東西，技藝無人能出其右，所發明的東西已流傳兩千多年，在二十世紀末期的科技社會中，還有人在使用。魯班仙逝之後，從事木工之人以尊敬之心來奉祀祂，尊稱祂為工匠的開山祖師、職業的守護神。

顯靈造龍聖鎮

相傳在漢、唐、宋各朝代，魯班公時常顯靈以助國事。明永樂年間（十五世紀中期），朝廷興建北京龍聖鎮，因工程浩大，故困難重重，費時多日，仍無法完成，後來魯班顯靈指點迷津，才順利落成。朝廷爲感念神恩，敕封魯班爲侍詔輔國太師兆成侯，春秋兩季以太牢之禮供祀。魯班的高超技藝以及眾多發明，普受後世崇敬，被建築、工程、工匠等行業之人奉祀爲祖師，尊稱魯班爲巧聖仙師。

在台灣奉祀巧聖仙師的廟宇並不多，大概只有三間，兩間在台中，一間在高雄。在台中縣東勢鎮的巧聖仙師廟，至二〇〇〇年代末期，已有二百多年歷史，採福佬式的建築，不過不幸於一九九九年九二一大地震時損毀；另外一間是台中縣龍井鄉的巧聖仙師廟，其建築非常精細，是亞洲地區最大的魯班廟，廟中金碧輝煌，巧奪天工，彷彿魯班公顯靈替自己蓋的一樣。

龍井的巧聖仙師廟正殿除了魯班公高坐神案之外，兩邊則奉祀祂所發明的東西，龍邊供奉文工尺，也就是魯班尺、墨斗，以及墜仔；虎邊是斧頭以及鋸子。奉祀魯班的廟宇大部份也會奉祀泥水匠的祖師荷葉先師，以及打鐵工、窯業、鉛版工、石祖師、爐公等行業的祖師爺。

關於巧聖仙師魯班的祭祀活動舉行的日期，在中國與台灣有各種不同說法，分別是農曆五月初七、六月十六、六月廿、七月初七、七月十二等。

魯班是能工巧匠的卓越代表，也是人民聰明才智和創造力的化身。在傳說中，祂是一位面貌衣著破舊，四處奔波，爲同行排憂解難的忠厚長者，無論是巧奪天工的技藝，或急難助人的品德，都值得後世致上最崇高的敬意。

忠勇護主垂青史

——武藝超群的趙子龍

趙子龍一身是膽，驍勇善戰，長阪坡前單槍匹馬救出幼主，血染征袍亦不顯畏懼之色，又曾一人立於營前智退曹軍，以七十高齡力斬五將威猛懾人。

在台灣奉祀王爺公的廟宇非常多，信仰也最爲普遍。道教宗師與研究相關文獻的學者，認眞探討之後指出，台灣地區的王爺公大約有三百多位。這三百多位王爺、千歲之中，有史籍記載的並沒有很多，而且資料也未必正確。

先民在十七世紀，陸續渡海來台，由於當時的生活非常困苦，讀過書以及認識字的人，可說是寥寥無幾，大多用口述的方式將故事流傳後世，經過漫長的歲月，致使這三百多位王爺公的眞實事迹，無法被後人清楚地認識。

▲趙府千歲廟宇之中精美的雕飾。

英雄相遇惺惺相惜

趙府千歲趙雲，字子龍，是三國時代蜀漢著名的將領，爲人以忠義智勇著稱，與關羽、張飛、馬超、黃忠等齊名，世人尊稱爲五虎將。

趙子龍是常山眞定人氏（行政區域後來中國河北省正定縣），誕生於東漢孝桓帝永壽三年（一五七年）。青年時期的趙子龍，身長八尺，相貌堂堂，姿顏雄偉，手握金鎗，身披銀鎧，故有白袍將軍的外號。

東漢末年（二世紀初期），諸侯紛紛聚眾自立旗號，趙子龍原是袁紹轄下的將領，因見袁紹無忠君愛國救民之心，故而投向公孫瓚。公孫瓚見趙子龍武藝超群，十分喜愛。

可是公孫瓚也只不過是一位趁亂而起的大軍閥，胸無大志，且目光短淺，只知興兵奪地，不識國家大體，使趙子龍有離開的念

▲一身是膽的趙子龍，以驍勇善戰受人崇敬，而立廟奉祀。

頭。

此時劉備也投到公孫瓚帳下，趙子龍見劉備有復興漢室之志，而且對部將關羽、張飛情同手足，心中十分感慕；而劉備見趙子龍年少英勇，非常敬愛他的才華，兩人一見如故，遂成知己。

有一日，公孫瓚推薦劉備爲平原相，劉備接受朝廷敕封之後，隨即前往赴任，就與趙子龍分別，兩人惺惺相惜，趙子龍明白劉備志向不凡，又能禮賢下士，正是他所欲歸附的眞主。

當時公孫瓚官居北平太守，趙子龍在他麾下，東討西伐，也建立了不少功勞，但公孫瓚的爲人與處世之道，並不是他所要投靠的人，不久也以回鄉料理大哥喪事爲理由，離開公孫瓚。此時正逢劉備被曹操打敗，流落到袁紹之處。趙子龍知聞劉備戰敗，就馬上趕到袁紹之處，要和劉備相會。

血染征袍護幼主

趙子龍單槍匹馬來與劉備相會，劉備歡喜萬分，兩人時常長談至深夜，同床而臥，胝足而眠。劉備爲發展自己的勢力，密遣趙子龍在袁紹軍中結納願意跟隨之人。不久招募數百人，並對外稱是劉備的部將。經過一段時間以後，劉備離開袁紹，投奔割據荊州的劉表。趙子龍跟隨南下，從此成爲劉備手下得力的戰將。

東漢獻帝建安十三年（二〇八年）曹操率軍南下，劉備在長阪坡被曹軍打敗，連妻子也被衝散，與諸葛亮等只有數十騎衝出重圍。此時趙子龍出生入死在千軍萬馬中，找尋劉備的兩位夫人——糜夫人與甘夫人，以及幼主阿斗。

趙子龍猛勇善戰，一身是膽，衝入曹軍重圍中血戰，結果在一群奔逃的難民中找到甘夫人與阿斗，趙子龍急忙解開戰甲，將年幼的阿斗納入懷中，並保護甘夫人左右衝殺，在曹軍千千萬萬重包圍之下，終於殺出重圍，將阿斗親自交給劉備。劉備感激萬分，對阿斗說道：「爲你這不肖子，我險些損失一員大將！」

空城計智退曹軍

東漢獻帝建安二十四年（二一九年），劉備與曹操爭奪漢中之地，曹軍運糧經過北山下，五虎將之一的黃忠領兵劫糧久而未歸。趙子龍帶領數騎前往接應，中途與曹軍前鋒相遇，趙子龍單獨殺進曹軍之中毫無懼色，挺鎗出入重圍，如入無人之境，致使曹軍潰散。此時趙子龍邊戰邊退，發現與他同行的將領張著受傷落在後面，趙子龍即刻勒馬回頭搶救張著回營。

曹軍雖潰散，但不久又匯合，乘機衝向趙子龍的營寨，守將張翼看曹軍人多馬壯，想要關閉營寨，趙子龍卻下令將營門大開，自己單槍匹馬立於門外，偃旗息鼓，坐待曹軍

▲後人為紀念趙子龍，以騎馬的英姿來表現祂的威武。

來攻。

曹軍將領徐晃領兵到趙子龍的營前，見他按兵不動，恐中埋伏之計，不敢進攻，因此下令退軍，此時趙子龍乘機傳令擂動戰鼓，虛張聲勢並放箭射殺，曹軍在慌亂中，自相踐踏傷亡慘重，退到漢水，驚惶落水而死者不計其數。

隔日，劉備與孔明來到趙子龍營寨視察，知道他設空城計智退曹兵的經過，讚揚趙子龍一身是膽，而且智勇雙全，全蜀將領都尊稱他為虎威將軍。從以上種種經歷，都可以知道趙子龍不只是一位有勇有謀的大將，而且獨具遠見卓識，又深明大義，凡事以國家利益為重，且能顧全大局，他的品德與正義使後人尊敬。

飛身過江二度救主

東漢獻帝建安十四年（二〇九年）歷史上有名的赤壁之戰結束後，趙子龍隨劉備平定江南，劉備獲得荊州四郡，趙子龍晉升為偏將軍，領桂陽太守。其管轄之地行政區域後屬中國湖南郴州市。

劉備對趙子龍越來越器重，甚至將後宮之事也委託子龍處置。劉備之妻孫夫人自恃是東吳孫權之妹，放縱部下驕橫無法，趙子龍自從主持後宮之後，孫夫人也懼他三分，不敢再放任部下目無王法。

東吳孫權知聞劉備進入益州，便派船隻來接小妹孫夫人返吳，臨行之時，孫夫人私自帶走幼主劉禪，趙子龍得知，急駕輕舟攔截孫夫人的船隻，強行留下幼主劉禪。劉備對趙子龍截江救回阿斗一事，由感激而變成敬重。

東漢獻帝建安十九年（二一四年），劉備遷入成都之後，打算將成都城中的房屋以及城外的庄園桑田，分賜有功的將領，子龍極

力反對，勸諫劉備說道：「現在國家初建，不應大肆賞賜，應將屋舍、桑田還給益州百姓，使百姓安居樂業，發展生產，這樣國家才能安定、稅賦才能充裕。」劉備便採納趙子龍這種體恤民情，以國家爲重的建議，從此穩定了益州民心。

建安二十四年（二一九年）十月，五虎將之首關雲長與愛子關平，被東吳孫權斬殺。章武二年（二二二年），劉備欲發兵征討孫權，爲義弟關雲長報仇。趙子龍對劉備分析當時的形勢，勸諫劉備顧全大局，不可冒險出征，並說道：「國賊是曹操，而非東吳孫權，應先滅曹，則吳自服。曹操雖亡，子曹丕篡位，其心早已圖謀關中。今應從黃河、渭水上流趁勢而下，蕩平中原，到時東吳自然臣服。如果東討孫權，兵勢既交，一時難解，就會讓曹軍有機可乘。」

但劉備在喪弟的悲憤恨怒之下，不聽趙子龍勸諫，遂大發兵馬，東征伐吳，結果大敗而還，最後病死在白帝城中。

街亭之役顯威猛

關雲長鎮守荊州，誤中東吳呂蒙之計，而失去荊州，身亡殉蜀。關雲長與劉備在桃園三結義之後，情深如同手足，所以劉備才會因關雲長被殺，而不顧一切也要替他報仇。趙子龍明白局勢，一切以國家爲重，可惜意見未獲接納，結果仇未報，眞主也病死，對蜀漢可說是莫大的損傷。

劉備過世之後，蜀漢的一切事情，都由諸葛孔明處理。趙子龍也跟隨孔明南征北討。建興六年（二二八年），諸葛亮第一次率軍北伐，街亭一戰，因誤用馬謖，導致全線潰敗。趙子龍與鄧芝屯駐箕谷掩護，因兵力單薄，受到魏大將曹直的進攻，在撤退之時，趙子龍親自斷後，魏軍不敢逼近，軍隊才能

安全而返，而且保住大量軍用品。

爲獎勵趙子龍置自己生死於度外，而保護眾軍與物品，諸葛亮下令將這些的物品分賜給趙子龍手下的將士。趙子龍辭謝道：「軍事失利，將士沒尺寸之功，怎能再行獎賞，請將這些東西封入庫府之中，等到十月天冷，再賜給士兵。」諸葛孔明對趙子龍的高風亮節十分讚賞。

蜀漢後主劉禪建興七年（二二九年），祈山之役蜀軍大敗，趙子龍憂悶國家的安危，在夜中重病而逝，享年七十二歲。他一生品德高潔，秉公執事，在蜀漢歷任翊軍將軍、中護軍、征南將軍、永昌亭侯。過世之後，後主劉禪即下詔追贈爲大將軍，諡順平侯，敕葬於成都錦屏山之東，建立廟堂，四時享祭。直到二十世紀末期，中國四川省大邑縣仍保有趙子龍墓與子龍祠。

在台灣奉祀趙子龍的廟宇，大部份分佈在中南部。供奉弟子尊稱祂爲趙府元帥或趙府千歲，然每一間廟宇的聖誕與祀日不同。

三國時期英雄豪傑非常多，劉備特別稱讚趙子龍一身是膽，在長阪坡單槍匹馬救阿斗，一人立於營前抵擋曹軍，並以七十歲的高齡力斬五將。清康熙四年（一六六五年）知縣李德躍曾書：「赤膽永佑江原父老，忠魂猶壯蜀國山河。」十六字讚許趙子龍。後人也以詩稱讚趙子龍的豐功偉績：

常山有虎將，智勇匹關張。
漢水功勳在，當陽姓字彰。
兩番扶幼主，一念答先皇。
看史書忠烈，應流萬世芳。

增添歲壽的壽神

——受人喜愛的南極仙翁

南極仙翁象徵著百福長壽，故又稱壽星。民間對其信仰源於自然崇拜，神像造型以突出的頭部最爲特殊醒目，據說常與福祿二仙一同出現，是一位心地良善的好神仙。

福祿壽三仙之中的壽仙，又稱南極老人、南極仙翁，或稱爲壽星。壽星在台灣民間信仰中，是百福、長壽的象徵，其神像造型多爲長鬚白髮老人、凸額頂頭、面色紅潤、左手持枴、右手捧桃，有時騎著仙鶴，有時坐著花鹿，身形不高、慈眉悅目、笑逐顏開，而其中最突出的就是頭部，非常特殊醒目。

壽星南極仙翁起於人類對星宿的崇拜，福祿壽三星中最受人們喜愛的就是壽星，不管

貧、富、貴、賤，追求長壽，一直都是人們最大的目標。

借旗襄助姜子牙

民間信仰對壽星是自然的崇拜，但在道教中，南極老人星正式名稱爲南極長生司命君，俗名叫做王改生，字易度，太虛世紀、孟商初啓、天開運行時，誕生於東林廣昌城長樂鄉。在十四歲之時就棄世離俗，心慕神仙。

有一日王改生巧遇紫府華先生，得受陰陽補養、削死修生、三丘變煉、七九復神，以及道御中和胎

▲乘著仙鶴的南極仙翁，是百福長壽的象徵。

息等方術，學成之後隱居於谿巖，拜見屠先生，屠先生授以金丹煉經、靈芝煉氣、輕浮飛煙、起霜沈雲等法術，嗣後，南極仙翁行經神州崆峒山，遇到太乙眞人，得受九煉方術。因養身有道、修煉有方，是以享世壽四百歲。

《三洞群仙錄》一書，稱南極老人乃是七聖元紀時，赤君下教化作沙門者，在元氣爲元君，在元宮爲元帥，在南辰爲南極老人，在太虛爲太虛眞人，在南嶽爲赤松子，是天帝四眞人之師，又爲太乙之友。

南極仙翁在《三洞群仙錄》之中，是玉虛宮三清道祖元始天尊的弟子，時時陪侍在側。

在《封神榜》一書中，對南極仙翁的描寫

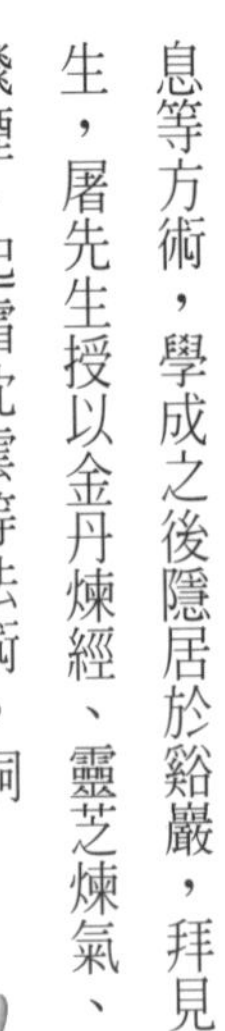

▲慈眉悅目，笑逐顏開的壽星，向來受人喜愛。

非常的少，主要是在介紹一位爲善行樂之士，而非破陣之流。

在《封神榜》第六十五回中有較多有關南極仙翁的描寫，姜子牙等欲降服紂王之子殷郊，惟殷郊有番天印，不得收之，除非以東方青蓮寶色旗，南方離地焰光旗，中央杏黃戊己旗，西方素色雲界旗，始可治之。此東南中西四旗已有三旗，獨缺西方素色旗，此旗又名「聚仙旗」，眾仙赴瑤池會時，先將此旗拽起，使群仙俱知，才趕赴瑤池盛會，惟此旗必須要南極仙翁方能借得。南極仙翁得知，便足踏祥雲，離開玉虛宮，趕往瑤池，奏聞瑤池金母，金母得知，特賜南極仙翁聚仙旗以襄助姜子牙，四旗俱備，殷郊終於被伏。

顯靈點化宋太祖

除了《三洞群仙錄》，以及《封神榜》有南極仙翁的描寫，道教叢書《道藏》中的《歷代神仙體道通鑑》，也有關於南極仙翁洛陽之行的記載。洛陽是宋太祖趙匡胤世居所在，南極仙翁到了洛陽，看到趙匡胤好逞武技，就責備他不學治平大道，而只精一人之敵的武術，匡胤聞言肅然起敬，隨即請教南極仙翁海內何時可定，南極仙翁答道：「尚在一紀之外。」又吟詠歌詞：「一著戎衣天下定，白猴仰首赤龍飛。」說完就飄然而去。趙匡胤聞言大喜，轉而從軍，終於黃袍加身，在九六〇年建立趙氏王國，擁有大宋江山。

歷代文獻極少記載南極仙翁下凡顯聖的事迹，然而民間對其崇奉卻有增無減，這是因爲人們崇尚吉祥、福祿，南極仙翁既稱爲壽星，而壽又爲百福之首，自然備受民間禮敬。壽星原爲星宿崇拜，在道教或者民間信仰中，則以仙翁來尊稱。又有一說南極仙翁

是八仙頭，帶領八仙，所以在八仙綵裡，南極仙翁駕鶴居於中央。

蒼龍七宿與老人星

《爾雅》〈釋天〉一文說道：「壽星乃是角亢，角與亢是二十八星宿中東方蒼龍七宿的頭二宿。」郭璞註解曰：「壽星，數起角亢，列宿之長，故曰，壽。」

漢代學者司馬遷認爲，在西狼宮附近有一顆大星，叫做南極老人，又稱老人星，老人星出現則天下太平；老人星不見，就會發生戰爭。唐代學者張守衡對此解釋說道：「老人一星，在孤南，也就是天狼星的東南方，一日南極，爲人主占壽命延長之應。老人星可見者國命長，故謂之壽昌，天下安寧；老人星不見者，人主憂也。」司馬貞也認爲：「壽星，蓋南極老人星也，見則天下理安，敕祠之，以祈福壽。」

▶南極仙翁在傳說中的形象，經常是優閒自在的。

▶人們崇尚富貴壽考，所以對南極仙翁的信仰歷久不衰。

東方七宿以順序排列爲：角、亢、房、氐、心、尾、箕等七宿，這七宿形成一尾蒼龍，故名東方蒼龍，其中的角與亢，就是人類所崇拜的壽星。角宿有二顆星，形狀猶如羊角，故名爲角，在東方蒼龍七宿中很像龍角。另外一宿爲亢，亢宿有四顆星，直上高亢，故名爲亢，在東方蒼龍七宿中很像龍頭。

現代的天文學將這二宿劃入室女座，其中角宿是一等一的亮星，在每年五月初，晚上七點以後，可以看得很清楚，南極老人星在船底座，也是一等以上的亮星，處於南緯五十度以南。

相傳，清康熙皇帝在北京紫禁城時，看不到這顆星，還曾特別到南京登高眺望，因爲北方不容易看到壽星，而根據史籍傳記所記載的資料顯示，壽星對國家的命運影響很大，見者安，不見者殃，因此特別受重視。

東漢時期，祭祀壽星、老人星與敬老活動是相結合的。在仲秋之月，也就是農曆八月，祭祀老人星於國都老人廟，同時也在這個月對全國進入古稀之年的老人，也就是超過七十歲以上的老人，授之以王杖，哺之以糜粥；凡年紀在八十、九十歲以上者，禮有加賜。

所謂王杖長九尺，上端以鳩鳥爲裝飾。古人認爲鳩鳥是不噎之鳥，其用意是欲老人像鳩鳥一樣吞食順暢，得以頤養天年。尊老敬老是傳統美德，東漢時期將二者結合起來，更值得稱道。此觀念流傳到後世，實際執行的雖有改變，但也始終沒有被忘卻。

壽星的祭祀自周秦以來，被歷代皇朝列爲國家祀典。在唐代，朝廷便下令所司特置壽星壇以祭老人星，以及東方七宿。到了明代，這種老人星的祭祀才廢掉，但在民間仍廣爲流行。

南極仙翁的故事流傳極廣，在民間戲曲當中，如明代《白蛇傳》的彈詞，以後改爲《雷峰塔》、《義妖傳》，和後來的《三仙寶傳》，都有關於南極仙翁的記載。南極仙翁是一位好心的老神仙，《白蛇傳》當中有一段〈盜仙草〉，又叫〈盜靈芝〉的故事，據說南極仙翁對白蛇的遭遇非常同情，曾贈靈芝救活了許仙。

到了明代著名小說《警世通言》第三十九卷，描寫元代南極登仙、群仙祝壽、長生辰等，也有壽星南極仙翁的描寫。《西遊記》中所寫的南極仙翁，被孫悟空叫做爲肉頭老兒。民間長者作壽之時，都有一副對聯：「福如東海，壽比南山」，或者「名高北斗，壽比南山」，來祝賀的人都稱高壽者爲壽星、老壽星以表敬意，都可以清楚的看到壽星在民間受重視的程度。

▲尊老敬老是傳統美德，在人情逐漸淡漠的台灣社會，更值得提倡。

開國功臣蕭宰相

——才智過人的蕭府千歲

蕭何對漢代不但有開國的功勞，治理關中時對百姓採取緩和措施，減輕賦稅，解除秦代嚴刑苛法，立宗廟、社稷、宮室及縣邑，使漢代國力日益強盛，經濟蒸蒸日上。

楚漢相爭的故事，在民間流傳極為廣泛，輔佐劉邦得天下的蕭何、韓信等名臣，更是家喻戶曉。世人尊稱漢代名相蕭何為蕭府千歲，又稱蕭王公。歷代的史記典籍裡都有稱讚蕭何的言論，唐代史評家司馬貞在《史記索隱》中說：「蕭何為吏，文而無害，及佐興王，舉宗從沛，關中既守，轉輸是賴，漢軍屢疲，秦兵必會，約法可久，收圖可大，指獸發蹤，其功實最。」

這幾句話敘述了蕭何的一生，前四句提起初期協助劉邦在沛縣起兵的經過，中四句是蕭何在楚漢戰爭擊敗項羽所做出的巨大貢

獻，最後四句是讚揚他穩定關中秩序，爲後來漢代發展文化建立功勳。

輔佐劉邦二分天下

蕭何，江蘇省豐縣（近代行政區域屬中國）人，年幼之時即對詩賦書論非常喜愛，壯年的蕭何，文章遠勝過鄉里鄰人，秦代末年當上沛郡的主吏掾，就是選署功勞的屬官。當漢高祖劉邦還是平民的時候，蕭何多次以吏事保護劉邦，當劉邦做了亭長（當時十里爲一亭，十亭爲一鄉，亭長猶如現在的村長），蕭何也時常幫忙他。後來劉邦因吏事服役到咸陽，每一個吏都送他路費三百，只有蕭何送他五百，由此可見，蕭何與劉邦之間的情深義重。

秦朝監督郡事的御史，命令蕭何辦事，他都辦得有條有理，因此，就提升蕭何爲泗水郡的卒史，官績列爲第一，秦代御史想入朝

▲在楚漢相爭裡，蕭何的功勞遠超過其他武將。

推薦他，召他在朝爲官，但蕭何再三辭謝。因爲代朝政治腐敗，皇帝不獲人心。

秦二世元年（西元前二〇九年）秋天，劉邦在蕭何、曹參眾人的擁護之下，殺了沛縣的縣令，進入沛縣縣城，號爲沛公。劉邦爲沛公之後，蕭何就協助他監督眾事項，劉邦到了秦朝的首都咸陽（行政區域後屬中國陝西省咸陽縣東邊），所有的將士都爭取國庫的金帛財物，只有蕭何先到秦的丞相府、御史府，將遺存的法律、制令和圖書，收集保存起來。

蕭何心知劉邦要平定天下和統治天下，必須要先安定民心，恢復生產，統治者必須要了解天下要塞、戶口多少、國家強弱處、人民種種的痛苦……，而秦所留下的法律、制令以及圖書，可以幫助劉邦開國訂定新制令，和減輕剝削的措施。

劉邦入關後與民約法三章，蕭何重新整頓

秦代舊法條文，另立〈漢律九章〉，使當時百姓倖免嚴刑苛法，皆能長幼養老，從此以後人民對劉邦更加擁護。

月下追韓信

楚霸王項羽滅了秦，就封劉邦爲漢中王，提升蕭何爲丞相。蕭何身爲丞相之後，有一段月下追韓信的故事。

韓信本是項羽的部將，因不受項羽重用才投靠漢王。但韓信在劉邦之處，認爲自己完全沒有施展才能的機會，又從漢營逃走。蕭何知情，認爲韓信是一位人才，將來對漢必然有所貢獻，來不及與劉邦商量就親自追趕韓信。

此時有兵將向劉邦稟明蕭何追趕韓信之事，還有人說蕭何與韓信一起逃走。劉邦聽了又急又氣，等到蕭何回來之後，稟明追趕韓信一事，劉邦還認爲，在月下追趕一位小官吏太不值得，蕭何對劉邦說：「一般的官將容易得到，韓信是不可缺少的國家至寶，如果想爭奪天下，就必須與韓信這種人才共謀大計。」

劉邦聽取蕭何的意見，封韓信爲大將軍，統率三軍，如果沒有韓信，歷史上可能就沒有「漢」這個國號。因爲在楚漢戰場上，劉邦是依靠韓信軍事上的策略才打敗項羽的。這也是蕭何慧眼識英雄，才智過人之處。

留守關中奠定制度

劉邦有了韓信，如虎添翼，領兵東進，平定了三秦（即項羽分封給秦朝三位降將的關中地）。蕭何以丞相身份留在關中，並攻取巴蜀（近代行政區屬中國四川省），安撫地方、告諭民眾，又供給軍用的糧食。

漢高祖二年（西元前二〇五年），漢王率諸侯與項羽交戰，蕭何仍留在關中服侍太

▶漢初開國有功的蕭何，過世後仍享有萬代香煙。

▲在民間祭典中，道士經常都是靈魂人物。

子，治理櫟陽，造作法令，以約束人民，又立宗廟、社稷、宮室、縣邑，每次都先上奏漢王，等他答應之後才辦事；如果來不及上奏，他也時常自己斟酌，先行施行，等漢王回宮，再行報告。

關中政事，像計算戶口、運輸供給軍用等，他都辦得毫無缺失，漢王多次敗陣損失將士，被迫逃亡，蕭何時常調動關中兵卒，前去補充缺額，漢王因此專託蕭何治理關中一切事務。當年四月，也就是劉邦在彭城之戰失敗後的第二個月，蕭何又發動關中的兵力，包括老弱等可用的人員，全部送到滎陽，補充劉邦的軍隊，使漢軍軍力大振，取得滎陽、成皋之戰的勝利。

蕭何在兵力、物力方面對劉邦不斷的支援，是打敗項羽致勝的重要因素，所以劉邦統治天下，論功行賞之時，首推蕭何功勞第一，封他爲酇侯。但其他追隨劉邦的大將不服，就說：「我們曾經披甲執兵，多者百來戰，少者數十回，攻城略地，浴血奮戰，而蕭何未有汗馬功勞，徒持文墨議論，不曾出戰，怎能反而居於首功？」

此時漢高祖說：「在打獵時，追殺逃掉的野獸，這是獵狗的功勞；而將野獸的蹤跡指示給獵狗，這就是獵人的功勞。你們只能夠捉住野獸，功勞就如同獵狗；而蕭何則是尋找蹤跡指示給你們，功勞卻如同是獵人。並且你們跟隨我，只有自己一人或者兩三人，蕭何同宗家族幾十人跟隨我，這個功勞是衆人所不及的。」

獲得劉邦的信任

蕭何能被列爲漢朝開國第一功臣，最重要的原因，是留守在關中訂定法令，準備軍糧，每當劉邦危急之時，都準時將軍糧送到前方，而且劉邦多次敗戰避走，蕭何又將兵

力送到戰場補充缺額，以振軍心。漢高祖對蕭何十分信任，是蕭何成功的要素，因爲漢高祖是一位頗有心計而且多疑之人。

劉邦與項羽在東方激戰，於滎陽、成皐兩地對峙三年，起初劉邦一面對蕭何託以關中事，另一方面卻不放心，派使者暗中觀察他的一舉一動。蕭何明白劉邦的心意，就將自己的子孫兄弟全部送到前線，在劉邦身邊效勞，實際上是做爲人質，使劉邦十分歡喜，誇獎蕭何的忠誠，便消除對他的疑心。

蕭何在處理與劉邦的關係時十分機警和顧全大局，他從國家大局出發，積極參與劉邦消滅異姓王的計畫。漢高祖十一年（西元前一九六年）陳豨謀反，自稱代王，劉邦親自領兵征討，而淮陰侯韓信又在關中造反，蕭何爲了不使劉邦分心，獻計給呂后，順利殺了淮陰侯韓信。

事後高祖又加封五千戶給蕭何，再派五百名士兵和都尉來保護他。蕭何明白劉邦派人保護他是另有用心，就將自己全部財物捐獻出來幫助軍需，而且辭退加封的五千戶，再次消除劉邦對他的疑慮。

蕭何對國家盡忠，對百姓愛惜，是一位非常冷靜而且聰明的人，他了解人性可以共患難不能共享受，與他一同擁漢的大將功臣，若不是造反，就是靜靜離開劉邦。蕭何爲了要使劉邦了解自己並無大志，只是要與他共同治理國家，並無收買人心自立爲王的野心，就故意大量購買或者強占民田，以表示自己不過是一個貪財奴。劉邦經過多次的試探與觀察，對蕭何已經沒有疑心，也由於蕭何小心的防範，致使他與劉邦直到年老百歲的時候，關係仍保持得很好。

蕭規曹隨

所有幫助劉邦打天下立王朝的功臣，最後

只有蕭何與曹參兩人繼續對漢朝忠心效勞。但蕭何與曹參一向的交情並不好。劉邦過世後有一天，蕭何病倒，惠帝親自去探病，問道：「相國若百歲以後，誰可以代替你的職務？」蕭何說道：「微臣的情形，只有皇上最了解。」惠帝又說：「曹參如何？」蕭何叩頭說：「皇上得到賢相，臣死後已經無所掛慮。」由此可見，蕭何是一位不抱成見，不洩私憤，而且公私分明的人，也由此表現了一代名相的寬宏大度，以及一切以大局為重的氣節。

漢惠帝二年（西元前一九三年）蕭相國逝世，惠帝下令諡他為文忠侯。蕭何對漢朝不但有開國的功勞，而且在關中訂定的法令，對百姓採取緩和的措施，減輕賦稅、解除秦朝嚴刑苛法、立宗廟、社稷、宮室、縣邑，使西漢國力日益強盛，經濟蒸蒸日上。曹參又繼承他的相國職位，忠實執行蕭何所訂定的政策，百姓讚揚不已，人民也以歌謠來稱讚：

蕭何為法，講若畫一。
曹參代之，守而勿失。
載其清靖，民以寧一。

這是說蕭何制定法令，使漢初一切制度，措施都有一定的規範；曹參繼承相國之位後，又能夠守住原有的成就，使國力在穩定之中求得發展；只有天下太平，人們才能安居樂業。漢代數百年的天下，就這樣奠定基礎，而蕭何的才智與貢獻，當然是最值得後人稱道的！

佛教的護法天神

——韋馱菩薩驅邪魔護佛法

韋馱菩薩本是印度婆羅門教神話中的天神，後來被佛教吸收爲護法諸天神之一，被譽爲佛教中的神行太保，以善走如飛著稱。廟宇中供奉韋馱除了守護佛祖菩薩之外，也有守護廟內出家人的用意。

在台灣如果有機會到供奉觀音菩薩的廟宇參觀或祭拜，經常可以看到手持金剛杵，做武將打扮的韋馱神像，韋馱又稱韋馱天、韋馱菩薩，是佛家弟子非常熟悉的佛教護法天神，在佛教寺院中，擔任護持僧眾、宏演佛法的任務。

韋馱天梵名爲「私建陀提婆」，直譯就是陰天。韋馱本是印度婆羅門教神話中的天神，後來被佛教吸收爲護法諸天神之一。

廟宇守護神

帝釋天是古印度佛陀神話中的天神，相傳

釋迦佛去世之後，諸天神與眾王商量火化釋迦佛的遺體，收取舍利子建塔供奉，此時，帝釋天手持七寶瓶，來到火化場，向諸天與眾王說道，佛原先答應給祂一顆佛牙，所以祂必須先取下佛牙回去，建造塔寺供養。當時有一羅刹鬼躲在帝釋天身旁，乘人不注意，盜去佛牙舍利子，韋馱天見狀奮起直追，霎時將羅刹鬼擒住，取回佛牙舍利子，諸天神與眾王讚揚不已，認爲韋馱可驅邪除魔，保護佛法。

關於韋馱還有另外一段傳說，韋馱天名爲韋琨，是南方增長天王所率領的八大神將之一，又是四大天王手下的三十二神將之首，後來皈依佛門，成爲護法大神，統領東勝部洲、西牛貨洲、南瞻部洲，以利益化生，救濟一切眾生爲本誓。

《普陀山傳奇異聞錄》一書中記載韋馱護法的事迹，清代末期，普陀山有一座寺廟，於夜

▲韋馱護法是廟宇的守護神。

間燒起一場無名火，當夜正逢一位小沙彌睡在韋馱佛像之下，夢中看見一位身穿金甲，狀似韋馱護法者對他說道：「廟中失火，趕緊逃生。」小沙彌忽然驚醒，果然看見寺中大火焚燒，情急之下，扛起韋馱塑像，就往廟門外跑。

大火猖狂至極，經過一夜焚燒，一直到早上，眾人察看災情時，發覺寺廟滿目瘡痍，只有韋馱塑像屹立門外安然無恙。韋

▲自古以來，佛寺必安奉韋陀神，以鎮守道場、保護佛法。

駄塑像有幾百斤重，必須數名壯漢出盡全力，方能扛起，如今一位小沙彌竟然可以獨力背起，可見韋駄之靈驗。

韋駄是佛教中的神行太保，以善走如飛著稱。在中國供奉韋駄，是立於天王殿彌勒佛的背後，面對大雄寶殿，兩眼注視著大雄寶殿前面的靈塔，守護靈塔內的佛骨與舍利子，以防邪魔前來偷盜。另外也保護在寺內的出家人，以護持佛法。

韋駄神像特色

在台灣寺廟只要有供奉觀音菩薩，大部份都會配祀伽藍與韋駄兩大護法。韋駄護法被安奉在觀世音菩薩左方，粉面無鬚、身著甲冑、肩被飛帶、手執金剛杵；伽藍護法在觀音菩薩右方，紅臉黑髯、身著鎧甲、肩被飛帶、腰佩寶劍，英氣逼人。

自古以來，佛寺伽藍之建立，必安奉韋駄神，以鎮守道場，保護佛法。道場內之韋駄護法，皆爲頭戴獸頭盔，腰紮革帶之裝束，手持金剛杵，且有兩種姿態，一是雙手合掌捧杵，二是以手按杵據地，雙手合掌捧杵爲接待之意，凡四方遊僧前來掛單，必受供養；以手按杵據地，是指示遊僧看見韋駄此狀，便知此佛寺不接待外來僧家。明白這些細微的差別之後，下次再看見韋駄神像，你是否也能弄得清祂所代表的含義呢？

扶周滅紂先鋒官

——托塔天王與哪吒三太子的故事

投胎三年後，靈珠子降世為哪吒，
剔骨割肉還父母身，魂魄飄散人間，
借助蓮花再度幻化成人，父子卻反目成仇，
燃燈道人賜李靖寶塔以鎮伏哪吒，
父子共同協助武王剷除紂王的暴虐。

看過與《封神榜》有關的電視節目、電影或書籍史記的人，應該都會對托塔天王李靖和哪吒三太子留下很深刻的印象，祂們本來是佛教裡的神，傳入中國後逐漸漢化，成為佛道不分的神祇。祂們父子之間的情感矛盾與糾結，一直都是民間故事裡最受歡迎、且流傳最廣的題材。

中壇元帥三太子哪吒與父親托塔天王李靖的生平事跡，在正史上找不到任何記載，一般民間對祂們的了解，是在明朝陸西星所著的《封神榜》與《三教搜神大全》這兩本書中的描寫。

《三教搜神大全》記載哪吒本是玉皇駕下大羅仙，身長六丈、首帶金輪、三頭九眼八臂、口吐青雲、足踏盤石、手持法律，大噉一聲，則雲降雨從乾坤爍動。因爲當時世間妖魔四起，玉帝命衪降凡，寄胎在托塔天王李靖之妻肚中，夫人共生下長子金吒，次子木吒，以及三子哪吒。

哪吒出生五日，化身浴於東海，腳踏水晶殿，翻身直上寶塔宮。龍王以其踏殿，故怒而索戰。哪吒誕生七日即能戰，殺九龍，老龍無奈上奏玉帝，哪吒知聞，截戰於天門之下，而龍死焉。又在上帝壇手搭如來弓箭，射死石磯娘娘之子，而石磯興兵，哪吒取父壇降魔杵，四戰而戮之。

父以石磯爲諸魔之領袖，怒其殺之，以惹諸魔之兵也，哪吒遂析肉還母，刻骨還父，而抱眞靈求全於世尊之側。世尊亦以其能降魔故，遂折荷菱爲骨，藕爲肉、絲爲脛、葉

▲有許多三太子的神像造型，是以孩童姿態出現的。

為衣而生之，並授以法輪密旨，親受木長子三字，遂能大能小，透河入海，移星轉斗。嚇一聲，天頹地塌；呵一氣，金斗罩世；啼一聲，龍順虎順；鎗一撥，乾旋坤轉；繡球丟起，山崩海裂。

故諸魔如牛、獅子、大象、馬頭、世界、鬼子母、九頭、多利、番天等魔王，五百夜叉、七十二火鴉，盡為所降。以至於擊赤猴、降孽龍。蓋魔有盡，而哪吒之靈通廣大，變化無窮，故靈山會上，以為通天太師，威靈顯赫大將軍。玉帝即封為三十六員第一總領，為天帥之領袖，永鎮天門也。

以上是《三教搜神大全》描寫哪吒與父親李靖的全文，與大家所熟悉的《封神榜》大致脗合。但《封神榜》的哪吒是天上靈珠子投胎轉世，而且所除的邪魔與《三教搜神大全》也有出入。《封神榜》的三太子哪吒，是扶周滅紂的開路先鋒官。

懷胎三年哪吒出世

根據《封神榜》第十二回，〈陳塘關哪吒出世〉中記載：

金光洞裡有奇珍，降落塵寰輔至仁。
周室已生佳氣色，商家應自滅精神。
從來泰運多棟樑，自古昌期有劫燐。
戊午時中逢甲子，漫嗟朝野盡沉淪。

西元前一一五四年至一一二二年，殷商紂王執政，當時陳塘關有一總兵名為李靖，自幼訪道修真，拜西崑崙度厄真人為師，學成五行遁術，又因資質欠佳，所以仙道難成。於是度厄真人就遣派李靖下山輔助紂王，官居總兵，享受人間富貴。李靖之元配夫人殷氏生有兩子，長子金吒，次子木吒。金吒拜五龍山雲霄洞文殊廣法天尊為師，木吒拜九

宮山白鶴洞普賢眞人為師。

根據《封神榜》的記載，李靖夫人殷氏生下二子木吒之後，不久又身懷六甲，卻懷胎三年六個月尚不能生產。李靖時常為此事心下憂疑，並言道：「孕懷三載有餘，尚不降生，非妖即怪。」夫人亦煩惱曰：「此孕定非吉兆，眞使我日夜憂心。」當夜，夜至三更，夫人在夢中眼見一道人進入房內，對她說：「快接麟兒。」殷氏猛然驚醒，覺肚中陣陣疼痛，慌忙喚醒李靖。李靖見狀即召喚侍兒婢女前來相助，然後就在前廳坐下等待。

不久，只見兩個侍兒慌忙前來啓稟道：「老爺，夫人生下一個妖精。」李靖馬上來到房內，手執寶劍，只見房裡一團紅氣，滿屋異香，有一肉毬，團轉如輪，李靖大驚，向肉毬上一劍砍去，劃然有聲，肉毬分開之後，跳出一個小孩兒，遍體紅光，面如敷粉，右手套一金鐲，肚皮上圍著一塊紅綾，金光射目。這位神聖下世，出生在陳塘關，乃姜子牙先行官，是天上靈珠子化身。金鐲是乾坤圈，紅綾名曰混天綾，此物乃是乾元山鎮金光洞之寶。此孩兒就是犯了一千七百殺戒的哪吒。

李靖眼見此景，驚異萬分，又見此兒下地即可行走，而笑容滿面，並不是他料想中的妖精，歡喜之下向前抱起孩兒，興奮不已哈哈大笑。隔天，有很多下屬前來道賀。乾元山金光洞太乙眞人入府，並為孩兒命名為哪吒，又對李靖說：「此兒丑時建生，正犯了一千七百殺戒，而與我有師徒之緣，可否讓貧道帶回洞中傳授他武藝？」李靖隨即答應，並感謝太乙眞人的命名與對哪吒的疼愛。哪吒就與太乙眞人離開李府，回到乾元山金光洞。他天賦異秉，在金光洞學藝七年之後，技藝高強、勇武絕倫，便奉師命下山

探望父母。

大鬧東海斬龍子

哪吒下山回到陳塘關之後，李靖看見他才七歲，身長就有六尺，而且武藝精強，夫婦兩人對他寵愛有加。當時因爲紂王荒淫無道，天下諸侯紛紛造反。李靖就傳命把守陳塘關，操演三軍，訓練士卒，提防野馬嶺的要地。五月天時，東伯侯姜文煥率先起義來攻，李靖就與姜文煥的部將竇融在遊魂關對敵。

哪吒在陳塘關，時逢五月，天氣炎熱，就請求母親同意，欲往關外遊賞，殷氏派遣僕從陪同，並吩咐哪吒快去快回。因哪吒是靈珠子轉世，命中原注定必須要犯一千七百條殺戒，誰知由這次外出，竟寫下了一生傳奇的故事。

因五月天氣炎熱，哪吒與奴僕兩人來到東海上游的九彎河後，哪吒就下河，用混天綾洗澡。混天綾乃乾元山金光洞之寶物，河水經過哪吒的混天綾一搖動，霎時江河搖晃，乾坤震撼。無意中震動了龍王宮，龍王敖光傳喚巡海夜叉李良出海探查，找出促使龍王宮搖動的理由。

巡海夜叉李良來到九彎河，與哪吒發生口角，反被哪吒的乾坤圈打死在岸上。哪吒又將乾坤圈放入河中清洗，龍王宮再次搖動。龍王心想，巡海夜叉上岸已久，都沒有消息，必定凶多吉少，就遣派三子敖丙率領蝦兵蟹將上岸察明眞象。

哪吒有一身的神通與手中的法寶，不但打敗敖丙，又抽了龍筋，欲拿回府中獻給父親做束甲。龍王得知巡海夜叉、蝦兵蟹將與愛子敖丙慘死，又被哪吒抽走龍筋，悲憤塡膺，就馬上前往陳塘關找李靖理論。李靖命哪吒出面請罪，但是龍王痛失愛子之情不能

▶擁擠的人潮充分顯現出民間對於哪吒三太子的崇敬。

平復，欲上天庭奏稟玉帝主持公道。

哪吒心知劫數將近，就前往乾元山請求師父太乙眞人相助，解脫這次的厄難。哪吒土遁來到乾元山金光洞，太乙眞人已知他犯了殺戒，就授以隱身符籙，並吩咐哪吒前往天門，攔截龍王敖光以好禮相求，不可意氣用事。不料，哪吒年少氣盛，又打得龍王遍體鱗傷，再次結下了不解之仇。

龍王被打傷之後，化成一道清風，帶傷回東海。哪吒不知事態嚴重，仍然頑心未除，當日自天庭返回之後，逕上陳塘關城樓上乘涼。又因一時好奇，拿起鎭關之寶——乾坤弓與震天箭，不料一箭射出，正中骷髏山白骨洞石磯娘娘門人碧雲童子的咽喉，碧雲中箭而亡。石磯娘娘見箭上的翎花有「陳塘關總兵李靖」七字，一怒之下，來到陳塘關指名要見李靖。

李靖獲知上情，心知震天箭乃軒轅黃帝所傳，只有勇猛於凡人的哪吒才拿得起來，於是託詞回府，找來哪吒盤問，才知一波未平一波又起，馬上帶著哪吒前往白骨洞向石磯娘娘請罪。誰知哪吒又傷了石磯娘娘的門徒彩雲童子，石磯大怒，便與哪吒交戰。

哪吒不是石磯娘娘的對手，乾坤圈與混天綾被石磯收下後，自知不敵，就轉身脫逃，石磯隨即追趕。李靖明白自己不是石磯的對

◀相傳三太子為天上大羅仙，為降妖伏魔而轉世投胎。

手，也黯然離開白骨洞回轉陳塘關。哪吒來到乾元山金光洞，太乙眞人在無奈之下，出面收伏了石磯娘娘，化解哪吒一場殺身死厄。

蓮花還魂

自投胎轉世之後，哪吒犯戒累累，雖然每一次都靠師父化解災厄，但龍王敖光愛子被殺，自己又被哪吒打傷，懷恨在心，就邀請所有的龍王來到李府興師問罪。太乙眞人知聞此事，就吩咐哪吒速回府中解厄。

哪吒聽聞師父太乙眞人之言，就飛奔陳塘關，回到府中看見四海龍王，知道今日難逃劫數，就對四海龍王厲聲說道：「一人行事一人當。我打死敖丙、李良，理當償命，豈有兒子連累父母之理。我乃靈珠子奉玉虛符命應運下世，今日剖腹、剜腸、剔骨還予父母，不累雙親，你們意見如何？如若不肯，我同你一起到靈霄寶殿見玉帝。」龍王敖光聽見此言深受感動，言道：「也罷，你既如此，救你父母也有孝名。」就不與李靖夫婦計較。哪吒便右手提劍，自剖其腹，剜腸剔骨，散了三魂七魄，一命歸入黃泉。

剜腸剔骨還其父母之後，哪吒的魂魄無所依附，隨風飄到乾元山金光洞，太乙眞人見愛徒魂魄歸來，就對哪吒說道：「此地非祢

▶托塔天王原為輔助紂王的錢塘關總兵，後來才轉而扶周滅紂。

▲舉行祭典時，常可看見太子爺的神尪遊行過街。

安身之所，祢可以回到陳塘關，托夢給祢母親，離此四十里有一翠屏山，山上有一空地，請祢母親造一座哪吒行宮，祢受人間香煙三載，又可立於人間，靜待將來時機成熟輔佐眞主。」

哪吒遵照師父太乙眞人指示，在夜中托夢給母親，哪吒之母親殷氏夢醒後大哭失聲，將夢中之事告知李靖，李靖大怒不予理會，夫人殷氏就暗中派人著手興建神殿，並且塑造神像安奉於殿內。從此哪吒在翠屏山神威大展，靈驗無比，遠近居民前來進香，香火日夜不斷。

一日，李靖領軍經過翠屏山，見人來人往絡繹不絕，知哪吒坐鎮此行宮，竟勃然大怒，隨即進入廟內，指著哪吒神像大聲叱責：「畜生，祢生前擾害父母，死後又愚弄百姓。」罵完之後，提起六陳鞭，將哪吒的金身打碎，又放火將廟宇燒掉。

李靖燒廟之時，哪吒的原靈不在殿中，當廟燒完之後，哪吒雲遊回來，見神殿被父親燒毀，心有不甘，就前往乾元山金光洞跪訴前情，太乙眞人決定以蓮花化身幫助哪吒重歸人世。

太乙眞人叫門徒金霞童子到五蓮池中摘二枝蓮花、三片荷葉，待金霞童子將蓮花、荷葉放在地下後，眞人將花勒下鋪成三才，又將荷葉折成三百骨節，三片荷葉按上、中、下，接天、地、人。

眞人將一粒金丹放在中央，法用先天，氣運九轉，分離龍、坎虎，鎮住哪吒魂魄，向荷葉蓮花唸動眞言咒語，大喝一聲，此時便跳出一個人形，面如敷粉，眼露精光，身長一丈六尺，此乃哪吒蓮花化身。哪吒蓮花化身之後，太乙眞人又傳給哪吒火尖槍、風火兩輪、豹皮囊、乾坤圈、混天綾及金磚一塊。此時哪吒的形象就是台灣地區所供奉三太子之金身塑像。

仙人化解父子仇恨

哪吒二度出世，驍猛神勇無比，加上太乙眞人賜給祂的法寶，可說是神通廣大。此時祂想起父親李靖，忿怒至極，心想：「我已經剜腸剔骨還給他，竟然將我的神像打碎、廟宇燒掉！」就即時拜辭師父，下山找李靖報仇。

轉瞬間，哪吒已來到陳塘關，進入李靖府中，李靖見哪吒再次復活，驚異萬分，又見其形象與先前不同，腳踏風火兩輪，手提火尖槍，面露怒狀，就言道：「畜生，祢生前作怪，死後還魂還敢回府糾纏。」哪吒便答：「李靖，我將骨肉交還於祢，已經沒有父子之情，爲何祢前往翠屏山打我金身，燒我行宮，今日要報此恨。」父子兩人反目成仇而交戰，李靖不

▲托塔天王最顯著的造型特徵，就是手中的玲瓏寶塔。

▲傳說中的李靖與哪吒，是一對充滿矛盾的父子（圖右為李靖，圖左為哪吒）。

敵，就邊戰邊逃。

危急之時，忽然聽到有人吟歌而來，此人乃是自幼追隨九公山白鶴洞普賢眞人的門下弟子，李靖的第二公子木吒。木吒見哪吒追殺父親李靖，就責備哪吒忤逆不倫，而與哪吒對敵。木吒的功夫略遜一等，敗在哪吒之手，哪吒見李靖已經逃之夭夭，馬上踏起風火輪向前追趕。李靖往前奔走，猶如失林飛鳥，漏網游魚，不知東南西北，回頭觀看，

哪吒已逼近眼前，李靖自知難逃劫數，就自言自語說道：「我前世不知作了多大罪孽，仙道難成，又生出這種畜生，也是應該。如此，不如自刎，免受孽子之辱。」

正待動手之際，有一仙人由空而降。此仙人乃五龍山雲霄洞文殊廣法天尊。文殊廣法天尊阻止李靖自殺的舉動，並出面幫助李靖，哪吒被天尊的七寶金蓮罩住，逃脫不得，又被打二百下楞杖以示警戒，幸而其師太乙眞人駕雲而來，出面化解，哪吒才免受折磨。

太乙眞人明白哪吒下山必定前來追殺李靖，文殊廣法天尊也會來拯救，所以就想借著天尊的法力，來磨哪吒的殺性，以受懲戒，然後再藉機出面調解父子之間的恩怨，希望從此以後，父子兩人能化解仇怨，便吩咐李靖先回陳塘關，李靖叩謝太乙眞人與文殊廣法天尊之後，走出文殊廣法天尊的洞

▲腳踏風火輪、肩披飛帶的哪吒神像。

口。哪吒氣得面如紅火，卻礙於眞人而敢怒不敢言，只能在旁邊長吁短歎。眞人暗笑，便要哪吒回去好好看守金光洞。哪吒聽見此言，歡喜萬分，馬上拜謝師父與天尊，踏起風火輪，向前追趕李靖。

太乙眞人與文殊廣法天尊知道哪吒殺性依舊未滅，出洞必定追殺李靖。因爲哪吒乃天上的靈珠子轉世，降世必定要犯一千七百條殺戒。二位仙人也明白此次哪吒追殺李靖，途中必然有驚無險。

李靖離開洞中，就馬上借土遁回陳塘關，因爲他知道，哪吒若有機會，必定再次追殺。哪吒對李靖的怨恨未除，若不殺死李靖，就不能解除神像被毀，宮殿被燒之仇，祂腳踏風火輪，擋在李靖面前，李靖這次可說是上天無路、入地無門，眼見非死不可，誰知危急之時，正好靈鷲山元覺洞燃燈道人由天下降，霎時祥雲一片，紫雲盤旋，一座玲瓏寶塔，將哪吒罩在其中。

燃燈道人使出法術，頓時寶塔中紅火焚燒，燒得哪吒大喊饒命，燃燈道人要哪吒承認李靖是祂的父親才肯放祂，無奈之下哪吒只得承認。燃燈道人知道哪吒雖然口稱李靖爲父，心中實是不服，於是就將玲瓏寶塔傳授給李靖，以便日後能鎭住哪吒，哪吒見狀，只得屈服。

燃燈道人告知二人，由於殷商紂王失德，已天下大亂，二人應放棄仇恨和睦相處，潛心修煉，待將來武王興周，父子二人必須輔助姜子牙立功立業，協助明君平定天下。李氏父子聽聞之後便叩謝道人，各自回山修道。

輔佐武王位列仙班

在西岐城，周武王興兵伐紂，姜子牙正式與眾仙計畫滅商。哪吒奉師命與父親李靖、大哥金吒、二哥木吒一同參加滅商的行列，成爲姜子牙陣前的先行官，立下不少汗馬戰功。

有一次，哪吒被商代大將余化的化血刀所傷，傷勢沈重，姜子牙就派人送哪吒回乾元山金光洞養傷。哪吒在乾元山金光洞養傷，不久之後就完全康復，師父太乙眞人給哪吒飲了三杯酒與三枚火棗，哪吒竟成了三頭六臂的怪相。

哪吒看見自己變成怪異的模樣，驚慌失色，便對太乙眞人請問：「如今這樣形狀，西岐城的兵士日後怎肯聽命於我？」眞人言道：「姜子牙行營中有許多奇人異士，有雙翼者、有變化者、有地行者、有奇珍者、有異寶者，今日祢現三頭六臂，不負我金光洞裡所傳。此去進五關，也見周朝人物稀奇，個個俊傑，此法隱隱現現，全隨祢自己心意。」

▲哪吒喝了三杯酒，又吃下三枚火棗，從此變成三頭六臂。

◀姿態威武的新營太子正在街上遊行。

哪吒感謝尊師恩德，太乙眞人便傳授祂隱現之法。哪吒大喜，一手執乾坤圖，一手執混天綾，一手執金磚，兩手擎兩根火尖槍，另外兩手施法；太乙眞人又將九龍神火罩，陰陽劍等八件神器贈賜哪吒。被余化所傷的哪吒因禍得福，神通變化更加精進，對後來伐紂的大業更是極大的助力。

李靖、金吒、木吒、哪吒父子四個人，在扶周滅紂的行列中，立下了不少功勞。最後紂王在摘星樓自焚，商朝滅亡，周武王登基，李靖、金吒、木吒、哪吒父子一同肉身成聖。之後，玉帝敕封李靖爲托塔天王，爲靈霄寶殿四大天王之一，金吒封爲大太子、木吒爲二太子、哪吒封爲中壇元帥，統領東南西北中內外五營與所有的神兵神將，鎭守中爐。

以上是《封神榜》與《三教搜神大全》這兩本書所記的李靖與哪吒父子四個人的故事。尤其《封神榜》自明代的大文學家陸西星著作出世之後，已經深入每一位信眾的腦海內，所以在民間，大部份的信眾都以《封神榜》的記載，做爲祂們父子四個人的典故。

民間的奉祀與信仰

《封神榜》與《三教搜神大全》，是道家與道教信眾所熟悉的資料書冊，但佛教所說的李靖與哪吒，就與《封神榜》、《三教搜神大全》相差甚多。

佛教所說托塔天王，乃是四大天王之一毗沙門天王，又被稱爲多聞天王，是佛教的護法神，其神像造型有很多種，但大多數是身穿甲冑，左掌托塔，右持寶棒，手中所托的玲瓏寶塔供奉著釋迦牟尼佛。

根據佛經記載，毗沙門天王的二子稱爲獨健，三子名爲哪吒。宋《高僧傳》記載，道

◀群眾聚集在一起觀賞太子爺神祗的演出。

明法師在夜中走過西明寺道之時，踏上前階不小心跌倒，此時有一位少年伸手將他扶起，道明法師感激之餘，問其姓氏。此位少年便說道：「我非常人，乃毗沙門天王之子哪吒。」因爲這個傳說，托塔天王李靖與哪吒都被佛教奉爲護法神。

一般中壇元帥三太子的神像，大多數都採取七歲幼童的身軀面貌，身穿甲胄，左手齊胸持有乾坤圈，右手舉過頂執有火尖槍，左腳踏著風火輪，身纏飛帶，豐圓的面貌，顯露著童眞稚氣與笑容。也有廟宇所供奉的是蓮花化身形象的三太子，例如台南縣麻豆鎭太子宮，至於三頭六臂的神像，在台灣很少廟宇供奉。

除了三太子哪吒有廟供奉祭祀之外，大太子金吒與二太子木吒較常在一般廟宇遶境出巡，或者回祖廟進香的陣頭當中以神童的姿態出現。在台南縣新營市太子宮就同時供奉

三位太子坐鎮宮殿，一同受萬民的朝拜。

另外，台灣奉祀托塔天王爲主神的廟宇有四間，包括：基隆市的天王宮，台南市的文朱殿、天池壇，高雄的天龍宮等。除了這四座以外，大部份都以配神來供奉。農曆四月廿一日爲其聖誕千秋，而中壇元帥在台灣奉祀極廣，鎮守中爐兼管領東南西北中五營，以九月初九重陽日爲聖誕千秋。

中壇元帥被奉爲道教的護法主將，擁有極高的道術與法力，早期台灣許多村庄，如遇瘟疫、天災人禍之時，就延請法師請神遣將以驅除瘟疫。首先，村民恭備牲醴犒祭，然後在村庄四方豎立五方旗，法師先在廟中祭拜中壇元帥與眾神聖，開始誦經作法，招請中壇元帥三太子率領神兵神將前來收妖伏魔，可說是每一位善信最親近的神祇，也是有求必應的神靈。

▶高雄三鳳宮慶祝哪吒三太子的聖誕。

民間戲曲祖師爺

——西秦王爺與田都元帥保護不同的藝人

唐代是禮樂舞曲最爲風行的時期，先有唐太宗創舞獅及演唱太平樂曲，到了唐玄宗更設立梨園，廣收樂工，使全國百姓與宮中共享歌舞樂曲之樂，於是看戲或吟唱樂曲成了農業社會最大的娛樂。

工商社會與農業社會的生活方式，可說是天地之差，工商社會的生活以時間爲重，分秒必爭，致使精神上產生緊張、不安，甚至嚴重的會引發精神分裂。

最主要的原因，就是台灣這一塊小島，人口日日暴漲，早期漢人來台居住，與原住民加總起來，差不多數十萬人而已。經過三百年多年到二十世紀末期，已經有二千四百萬人，島小人多的情形之下，又進入科技電子化的文明社會，必須要靠智慧與資訊來求生存。

所以在生活緊張以及工作壓力之下，只要

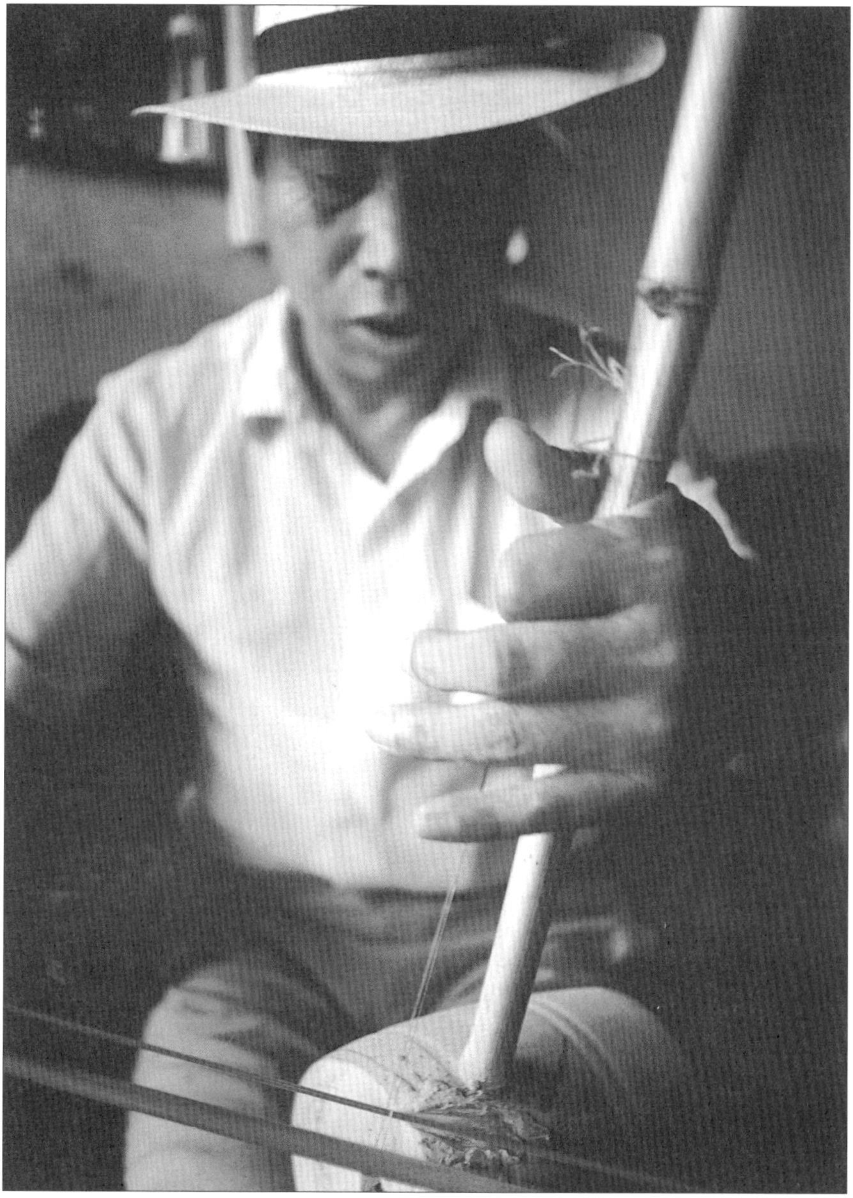

▲農閒時在大廳前拉琴，是農業社會特有的生活情趣。

有休息的時間，或者假日，全家大小都往郊外郊遊，來減輕工作上的疲勞。如果沒出外郊遊，大部份就在家中看電視，或者約朋友打牌消遣，還是唱卡拉ＯＫ。

早期的農業社會，只求三餐可繼，日出而作，日入而息，沒有什麼物質享受，只有在工作之餘喝茶講古，雖然生活水平沒什麼多大講究，卻過得非常快樂，反觀工商社會的花花世界，雖然物質得到享受，但精神上比農業時代還憂煩。

農業社會可說是沒什麼娛樂，只有到廟口看大戲、布袋戲，以及過年過節的民俗活動，或者在大廟埕、家中大廳前拉琴，唱著「思想起」。早期的戲曲分爲南管與北管兩種，以及地方曲調，而他們的職業神分別是北管的祖師——西秦王爺，以及北管中四平西皮派，與南管樂派的音樂之神——田都元帥。

▲到廟口去看戲，是農業社會相當重視的活動。

◀劇團精采的演出，能抒解人民的生活壓力。

▲西秦王爺是北管的祖師爺。

北管祖師西秦王爺

台灣民間戲曲有北管與南管，北管由中國福建漳州傳入，所使用的樂器有：大鑼、月鑼、北鼓、通鼓、大鈸、小鈸、響盞、尺板、鱷、北琴、絃、三絃、和絃、口笛等，吸收融會各地方小戲的曲調與劇目，又之稱爲「亂彈」。

「亂彈」在台灣曾經興盛一時，受到民間的熱烈歡迎。因此有「豬肉吃三層，看戲看亂彈」的俗諺。北管戲團，不管是職業的戲班，或者職業外的「子弟戲團」，在演出時的後台都設有供案，恭奉北管祖師西秦王爺。一般民間傳說，或者史冊記載的西秦王爺，有三種說法。

第一種說法，西秦王爺乃是唐太宗李世民。李世民創始舞獅、樂陣，其舞獅又稱爲「五方獅子舞」，每一隻獅由二個人身披綴毛

▲關於西秦王爺，民間有各種說法，後唐天子也是其中之一。

之衣，一人掌獅頭，一人執獅尾，模仿獅子俯仰戲弄的姿態，四方並有一百四十名歌者演唱太平樂，手舞足蹈，極爲精采。

唐太宗李世民不但執政使國事井井有條，而且精通樂律，在他爲秦王之時，曾作破陣樂，征伐四方之際，必歌詠破陣樂曲，而屢戰屢勝。他即位爲太宗之後，曾命愛臣呂才協音律，李百樂、虞世南、褚亮、魏徵等寫製歌詞，由一百二十名舞者披甲持戟，發揚樂曲與舞蹈慷慨激昂的精神。因爲有這些記載，李世民也被尊奉爲「西秦王爺」。

另一個說法指出，西秦王爺是唐玄宗，又稱唐明皇，姓李名隆基，是唐睿宗的第三個兒子，年少之時封爲臨淄王，韋太后弒中宗，唐明皇不滿，就起兵誅斬韋太后。平了韋氏之亂後，先請父親睿宗登基。直到唐明皇二十八歲，父親讓位給他，才即位爲玄宗。玄宗爲帝之時，先後起用姚崇、宋璟爲

台中旱溪
新美園

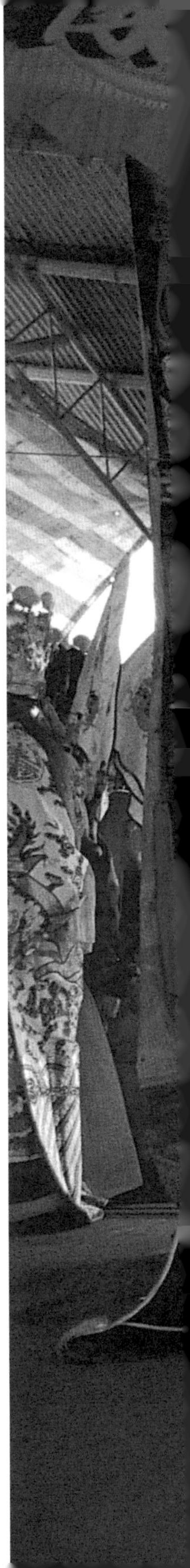

▶北管戲可溯源自梨園子弟的演出。

▲劇團成員皆奉祀西秦王爺，祈求演藝精進。

▼北管戲演出之時唱作俱佳。

相，宇內昇平，世稱「開元之治」。

唐明皇是一位風流文雅，醉心歌舞，且文藝非常出色的天才，他所喜愛的音樂，是由漢族清商樂與西域樂結合而成的。演奏時樂器種類非常多，曲調優美動聽，並伴有令人如醉如癡的歌舞。玄宗曾在宮內倡建戲台，名爲「梨園」，網羅全國有名的樂工、舞伶，而且親自爲他們作曲，自己也爲樂隊擊羯鼓。

唐玄宗開元十一年（七二三年），有一次宮中排練大型歌舞〈聖壽樂〉，眾宮女演出十分賣力，且內容非常生動，唐明皇歡喜之下，自己也穿上舞衣，親自參加表演，並且指揮調度，在他的領導之下，這次的〈聖壽樂〉可說是天人共讚。

至唐玄宗天寶年間，唐明皇寵愛楊貴妃，國事機要任由楊貴妃之兄長楊國忠，與太監高力士胡作非爲，致使國政腐敗，忠良恨怒，怨聲四起。在這個時候，安祿山趁隙造反，長安京都失陷，唐玄宗帶楊貴妃避走西蜀。西蜀地當西秦，所以稱爲西秦王爺。

第三種傳說是以後唐莊宗李存勗爲西秦王爺。《新唐書》〈禮樂志〉記載，後唐莊宗李存勗爲西秦王爺，亦雅好音律，宮中絲絃之聲，終日不絕。有一次，莊宗因故與蛇結怨，入夜之後，於龍床上安眠，蛇蜿蜒侵入床帳，欲加害莊宗，所幸床邊有御犬及時高吠抵禦，莊宗始倖免於難。因爲如此，北管戲班中非常忌諱說狗或者蛇，而以「細毛」代表狗，「溜」表示蛇，就是源於莊宗李存勗這一段際遇。

此外戲班中都尊稱狗爲「將軍爺」，有時以黑旗代替，稱爲將軍令，由於狗在戲班中地位崇高，所以嚴禁「吹口哨」，以示對將軍爺的尊敬，若不小心犯了忌諱，就必須立刻燒紙錢、放鞭炮，表示謝罪之心。

▲田都元帥嘴角繪有螃蟹腳，是相當明顯的特徵。

南管音樂之神

目前台灣北管中的四平西皮派和南管樂派，均奉田都元帥為音樂之神。關於田都元帥究竟是何人，民間傳說紛紜，不過根據資料考證，以及學者教授的探討之下，應該是雷海青。

唐玄宗天寶年間，雷海青為忠烈樂官，因識音律，任職玄宗皇帝內廷供奉，在當時稱琵琶聖手，管領梨園弟子。過世後，被尊為音樂之神。在安史之亂，安祿山叛變時，玄宗蒙難長安，雷海青曾顯聖保駕，就連玄宗倉卒逃奔四川避難，雷海青也一路追隨，暗中護祐聖駕，忠貞之心一如生前。據說，雷海青顯聖護駕之時，空中曾浮現「田都」二字，因此後世奉拜為田都元帥。

至二十世紀末期台灣以田都元帥為主神的廟宇共有六座，其他廟宇則奉祀為配神，這

鹿港龍山

▲鹿港龍山寺聚英社的集會演出。

六座分佈在基隆、台南、宜蘭、彰化等地。

在台北市另外有奉祀三田都元帥爲主神的廟宇。據說，三田都元帥是唐代人，其母蘇氏在郊野遊賞時，因感天上翼宿入懷，而未婚有孕。

元帥出生之後，外祖蘇翁認爲無父之子有辱門風，因此丟棄於田野，後來被蘇翁的佃農拾獲而予認養。兩年後，蘇翁巡視所屬佃戶，見元帥聰明伶俐可愛，遂徵得佃農同意，帶回撫養，因此嬰兒曾被丟棄田中，就以田爲姓。

田都元帥長大之後，天賦異稟，擅長音樂，唐玄宗召入內廷爲樂工，後來在劇目中扮演元帥時暴斃身亡。在安祿山造反之時，祂曾經三次顯靈護駕，每次空中均現出「田都」二字的旗幟，因扮演元帥而過世，三次浮現田都，後人就

▲田都元帥是南管音樂之神。

尊奉祂爲三田都元帥，並供奉爲音樂祖師。

田都元帥的神像造相非常特殊——紅臉、頭梳兩條長辮子、嘴角有螃蟹腳，是中國福建莆田地區的名神。相傳祂生前曾經考中探花，有一次皇帝賜宴時，因飲酒過量而醉臥在御苑中，楊貴妃一時心血來潮，在祂的嘴角畫上兩道長長的螃蟹腳，因此民間便依此典故塑立神像。

又有一說爲雷海青年幼之時，喜愛到海邊捉毛蟹，有一天不小心，他的嘴被一隻毛蟹吸住，慌忙用力將嘴中的毛蟹拉下來，從此以後，毛蟹的形就留在嘴角。

在台灣的地方戲班，大部份都以田都元帥爲守護神。田都元帥的聖誕爲農曆六月十一日，但是誕辰祭典的日期各廟不同，而最特殊的要算八月廿三日一連三天的祭典。過去早期台灣的藝妓爲了祈求才藝精進，全集中在此三天焚香膜拜，並且廣開盛筵慶祝。

田都元帥在台灣不但是梨園界的守護神，而且藝陣宋江陣也拜祂。宋江陣是廟宇祭典規模最大的陣頭，每次宋江陣要出巡表演之前必須要打圈拜田都元帥。田都元帥又稱相公爺，相傳因爲宋江與相公的音甚爲接近，所以代代以口相傳產生訛

▲頭梳長辮的田都元帥，造型非常可愛。

▲戲神的生日祭典，可用水果和牲醴供奉。

誤，相公爺變成宋江爺。

另外有一個傳說，據《神行研究》這本書記載，田都元帥是雷海青的小弟雷萬春，因曾奉命駐守在睢陽城中，以草人做爲訓練軍力的佈置兵法，來指示兵將對敵，其排列形式與後來的宋江陣陣法略同。也由於這個傳說，使田都元帥不但是音樂之神，也成爲宋江陣的祖師。

梨園的由來

唐代時期是禮樂、舞曲最爲風行之時，除了有唐太宗李世民創始舞獅演唱太平樂之外，唐明皇的梨園之設，更使全國百姓也能與宮中共享樂曲、歌舞之樂。

唐明皇是梨園戲劇的開山祖，廣受樂工、藝人之敬仰而供奉。他不僅是一位文藝全

才，而且還是兼演員、作曲、指揮、導演於一身的罕見皇帝。

在當時，凡爲人所喜愛的樂工，都出身於唐明皇所創的「梨園」，宮廷梨園由太監直接領導，如當時的琵琶聖手雷海青、箜篌妙音張野狐、神笛李謨、全能音樂家李龜年等，都是梨園的樂工。

由唐明皇一手創設的梨園，是他一生最喜愛的組織，主要職責是訓練樂器演奏人員，與專司禮樂的太常寺，和充任串演歌舞散樂的內外教坊，爲鼎足而立的中央一級音樂機關。

唐玄宗登基的第二年（七一四年），即設立梨園，他從坐部伎中選出最優秀的男樂工三百人，又從宮女中挑選出幾百名精通歌舞的人

▲看戲既是休閒娛樂，也是聯絡感情的好機會。

才，組成了龐大的皇家樂團。

當時田都元帥雷海青是唐代宮廷內非常出色的樂官，他的技藝可說是巧手天音，而唐明皇對唐代歌樂舞曲非常有貢獻，所以田都元帥雷海青，與西秦王爺唐明皇李隆基，是梨園界的祖師。

還沒出現「梨園」這二字之前，歌樂舞曲統稱爲戲曲界，因唐明皇在宮中創設梨園亭，而所有的樂工或者表演的藝人，就在梨園亭表演，所以後世常將戲曲界稱爲「梨園界」或者「梨園行」，戲曲演員則稱爲「梨園子弟」、「梨園弟子」，並尊稱唐明皇與雷海青爲梨園神。

詩人白居易不朽詩作〈長恨歌〉就有兩句提起梨園：「梨園弟子白髮新，椒房阿監青娥老」。《新唐書》〈禮樂志〉也說：「玄宗既知音律，又酷愛法曲，選坐部子弟三百人，教於梨園，聲有誤者，帝必覺而正之，號皇帝梨園弟子」。

彰化市忠權里有一座梨芳園，是清道光十三年（一八三三年）所創建，主要是奉祀梨園神，園中有詩道出演出梨園樂曲的美妙情景：

梨閣清歌猶在耳，芳心妙韻悅其心。
梨苑清風繞寶座，芳馨妙曲迎仙神。

有興趣的朋友，不妨前往參觀，遙想當時歌聲舞影所絢染出的太平氣象，和二十世紀末期的聲光綜藝，究竟有什麼不同？

燃星之火可燎原

——火德星君為掌火之神

自古人類死傷於火災者不計其數，俗語說水火無情，令人防不勝防。民間信仰認爲火災發生是火神降災所致，除了按時祭拜火神以保平安之外，也立廟來奉祀火德星君。

火是人類最親密，但也是最具威脅性的朋友，它與生活密不可分，也令人防不勝防。民間自古即流傳火災是由火神降厄所引起的說法，爲避免災殃，便產生了火神崇拜，以減輕心理上的威脅。祭祀火神由來已久，最早可追溯至上古時期，至二十世紀末期已經幾千年。火神之名稱有遊光、回祿、火正、火官，或者火德星君，古代稱爲熒惑星，位在南方。

傳說中的火神

關於火神的由來有以下各種說法，第一位

是三皇之一的神農氏。神農氏在生時以火德王天下，並發現照明方法，以及冶金制器，故以火名官號爲炎帝，《神誕譜》一書記載：「火德星君，爲炎帝神農氏之靈，祀之爲神，以禳火災。」

第二位是赤精子。赤精子誕生於唐山之陽，遍身朱紅，鬍鬚與眉毛也是紅色，身穿

▲傳說中紅臉紅眉紅衫的火神，曾將火種帶到人間。

▼民間認為火災是火神降災所致，所以按時祭拜火神。

紅衫，形狀猶如火人，相傳祂將火種由桑樹之中取出，帶往世間造福人類，並調和萬物，使萬物相生相成。

第三位火神叫做宋無忌，《搜神記》中說：「火神姓宋，名無忌，漢朝人氏，在生有神通，死後為火精，唐牛僧孺立廟祀之，以防火災。廟在武昌府之城東十里。」江東一帶火神廟都奉祀《搜神記》中的宋無忌。

第四位火神是《封神榜》人物——火龍島焰中仙羅宣，祂以火箭射進西岐城內，焚燒了將近一半的建築物，造成無數死傷，最後死在托塔天王李靖之手。姜子牙封焰中仙為南方三氣火德星君正神之職，率領火部五位正神，巡察人間善惡，據以施行賞罰，亦被視為火神之一。

▲祝融是傳說中的火神，所以遇到火災時人們常說「祝融無情」。

祝融與回祿

除了以上這四位火神之外，最受人民認定的有兩位——祝融與回祿。

《山海經》曰：「南方祝融，獸身人面，乘兩隻龍。」《史記》〈楚世家〉亦有記述：「重黎爲帝嚳高辛居火正，甚有功，能照明天下，帝嚳命曰祝融。」由此可知，重黎即爲火神祝融。

另外一位是回祿，依《史記》記載，共工氏作亂，帝命重黎誅殺共工氏，重黎失敗爲帝所殺。重黎本爲火官之職，由吳回代替爲祝融，然後再由吳回之兄長回祿繼承。

因《史記》中有祝融與回祿之事，所以世人大部份以祝融與回祿爲火神，民間如遇到火災都會說「祝融無情」，或者「回祿之災」。

女的火神

火神有男神也有女神，《滇行紀程》一書云：「沅州火神不奉祀祝融，而奉祀凌霄女。如弟子不虔誠，則女火神派遣火鴉，口

▲回祿也是世人熟悉的火神，所以說「回祿之災」。

▲人們對火的威力感到畏懼，也相信藉由燃燒可以驅除邪祟。

含火丸，丟在屋頂，兩翅搧風發火，故多火災。」

還有一種傳說，火神本是一妙齡女仙，因觸犯天條，被玉帝降下凡間，爲灶下婢女，專司火苗生滅。平時穿黃衫，發怒之時則衫紅如火，烈焰四起。

自古以來，人類死傷在火災之厄者不計其數，俗語說水火無情，令人防不勝防。民間認爲火災發生是火神降災所致，因此除了按時祭拜火神以保平安之外，也立廟來奉祀火德星君，祈求祂心懷慈悲憐憫，不要降火災於凡間。有時也會請道士或者法師來舉行火醮、壓火煞等，以求地方免受祝融之災。在台灣奉祀火德星君的廟宇非常少，大部份都奉祀爲輔佐神。

台北市松山區有一間專奉火神的廟宇火德宮，是消防人員的祭拜之所，每逢初一、十五、火神聖誕，消防人員都會前來焚香朝拜，祈求火神鎮守當地，防止無名之火四起。不管奉祀祝融、回祿、神農氏、宋無忌，或者《封神榜》的焰中仙羅宣，塑像皆爲紅面赤鬚，手執火球、鋼鞭，以及引火器具，也有頭戴冠帽，手持玉圭的金身。其祭典是農曆六月廿三日。

忠肝義膽稟千秋

——義薄雲天的關聖帝君

關聖帝君乃是三國時期極爲出色的豪傑，與劉備、張飛惺惺相惜，於桃園結義，保二嫂過五關斬六將，氣勢如虹令人敬畏。其一生嚴守八德爲作人處事的準則，高風亮節的操守爲後人所尊崇。

關聖帝君又名關公，在民間的知名度和崇奉廟宇之多，幾乎沒有什麼神明可以比擬，也是自漢代一直到清代，帝王以尊敬之心敕封封號最多的神祇。

漢獻帝建安六年（二○一年），關公受封「漢壽亭侯」；蜀漢後主劉禪景耀三年（二六○年）追封「壯繆侯」，炎興年間（二六三年）加封「義勇」；隋開皇二年（五八二年）敕封「忠惠公」；北宋崇寧元年（一一○二年）賜號「崇寧眞君」，大觀年間，加封「武安王」；南宋建炎三年（一一二九年）敕封「壯繆義勇王」，淳熙十四年（一一八

◀關聖帝君是三國時期出色的豪傑，高風亮節為後人所崇敬。

七年）加封「英濟王」。

元朝明宗天曆元年（一三二八年）敕封「顯靈義勇武安英濟王」；明朝嘉靖十年（一五三一年）封賜「漢關帝壽亭侯」，明萬曆三十三年（一六〇五年）敕封「三界伏魔大帝、神威遠震天尊、關聖帝君」。

清順治九年（一六五二年），賜封「忠義神武關聖帝君」，雍正三年（一七二五年），命天下直省郡邑皆得立廟，又命全國百姓、宮中大臣，以「太牢」春、秋二祭，乾隆三十三年（一七六八年），加封「靈佑」，賜封號爲「忠義神武靈佑關聖大帝」，光緒皇帝敕封「忠義神武、靈佑仁勇、顯威護國、保民精誠、綏靖贊翊宣德、關聖帝君」。

關聖帝君，姓關，名羽，字雲長，世居山西省河東州解良縣（行政區域近代屬中國）。在漢桓帝延熹三年（一六〇年）六月廿四日，這位一代武聖降生人間。帝君天生

▲忠義神武的關聖帝君，在民間奉祀極為普遍。

骨格非凡，威武逼人，孩提時期非常喜愛讀書，尤其對家傳的《春秋》、《春秋左氏傳》特別有興趣。長大之後，帝君身長九尺六寸，面如重棗，唇似丹硃，丹鳳眼，臥蠶眉，器宇軒昂，相貌堂堂，志氣如鴻，時常救困扶危，當地的人對他敬重萬分。十七歲那一年，與胡氏結爲夫妻，生有三位公子，大公子，關平；二子，關興；三子，關索。

桃園三結義

東漢末年，政治形勢起了變化，漢室受制於外戚、宦官之手，群雄並起，天下大亂，人心惶恐，大漢江山已經被眾諸侯分割得不成模樣。關帝眼見時局混亂，欲伸展大志，故於漢靈帝光和二年（一七九年）離開家鄉，立志做有爲之人。

漢靈帝中平元年（一八四年）關公在河北省涿縣（行政區域後屬中國）酒樓巧遇劉

備、張飛，三個人義氣相投，在張飛的桃園莊後立誓：「三人結爲兄弟，同心協力，救困扶危，上報國家，下安黎民，不求同年同月同日生，但願同年同月同日死，皇天后土，實鑒此心，背義背恩，天人共誅。」便以劉備爲長，關公爲次，張飛居末，三人結爲兄弟。

關公三兄弟結拜之後，就在當地招兵買馬，聚集了五百多人。當時黃巾賊程遠志領兵五萬，進攻幽州，三兄弟領著五百多人投靠幽州太守劉焉，在大興山下大敗黃巾賊，不久又出兵解救青州之危。其後劉備受封安喜縣尉，關公與張飛爲身邊侍衛。

斬華雄戰呂布

在關公三十歲那一年，漢靈帝駕崩，何太后臨朝，九月的時候，董卓入京殺死何太后，自居相國，眾諸侯推渤海太守袁紹爲盟主，與董卓在汜水關大戰，袁紹的四位部將被董卓部下華雄所殺，召集各路太守商量對策。

眾人苦思良策以對付華雄，關公自願獨自前往，誓取華雄首級，但袁紹見關公只不過是一名馬弓手，未免太不自量力，因此表現出遲疑輕蔑的態度，使關公非常忿怒。此時，曹操見關公眼神如電，身材魁梧，英氣浩然，決非凡夫俗子，就勸袁紹息怒，並倒酒爲關公壯膽，不料關公卻說：「待我取華雄首級回營，再飲不遲。」就提刀上馬，馳奔而去，不久之後就提著華雄的首級回營，先前的那一杯酒，也還溫熱，眾人驚異萬分，從此以後就對關公另眼看待。

之後董卓又派英勇勝過華雄數倍的呂布前來索戰，劉備、關公、張飛三兄弟大戰呂布，雖然呂布勇猛如虎，最後也敗入「虎牢關」，董卓被迫逃往長安。北平太守公孫瓚

便上奏請封劉備為平原相，關公為別部司馬。不久，黃巾賊餘黨管亥進攻北海，北海太守孔融向劉備討救兵，劉關張三兄弟領兵三千大戰賊黨，關公青龍刀一起，管亥人頭落地，化解北海之危。

漢建安元年（一九六年），劉關張三兄弟大敗袁術，斬副將旬正，又與曹操聯合斬呂布，呂布之部將張遼願死不降，關公對張遼忠義之心甚為敬重，極力解救。呂布被殺之後，劉關張三兄弟與曹操班師回朝，獻帝封劉備為左將軍城亭侯。

劉備論輩份乃是獻帝的叔父，眾人皆稱「劉皇叔」。後來曹操有心霸佔漢室江山，被劉關張三兄弟知情後，知道只有暫離京城，徐圖後計，才能保留實力以興復漢室，因此關公智斬曹操的大將軍車冑，送劉備入徐州，自己鎮守下邳。

保二嫂過五關斬六將

漢建安五年（二〇〇年）曹操進攻徐州，徐州失守，劉備避走青州，關公死守下邳，保護劉備一家大小。曹操大軍將關公圍困在土屯山，派張遼上山勸關公投降，張遼分析關公當時的處境，勸他投降：「一者可保二夫人，二者不違背桃園之約，三者

▲面如重棗，美髯過腹，是民間最熟悉的關公形象。

可留有用之身。」關公聽此言非常有道理，就與曹操三約：「只降漢不降曹；兩兄嫂照領劉皇叔的薪俸，上下人等不得入門內；並且只要一查明劉備去向，不辭千里，便當離去。」

曹操對關公甚爲看重，就答應這三個條件，卻於班師途中，故意讓他與兩兄嫂共住一室，關公謹守禮法，立於室外，夜讀《春秋》，秉燭達旦，曹操見狀，更加欽服。後來，曹操又以綾錦、金銀器皿、美女相送，關公全送入內室，供二位兄嫂差遣使用。曹操又贈送戰袍，關公接受，卻將舊戰袍罩在上面，曹操問其原因，關公就說：「舊袍乃是大哥所賜，不敢因丞相新袍忘卻大哥之舊。」曹操見關公兄弟之情如此深，深爲感慨！

有一日，曹操將呂布所乘的赤兔馬送給關公，關公歡喜萬分，連連稱謝。曹操感覺奇怪，就問關公：「我送金銀、美女，你不曾言謝，爲何我送你一匹馬，你竟如此歡喜感激？」關公回答：「赤兔馬日行千里，今日得之，他日若知兄長下落，我一日要見他也不難。」曹操聽了這些話，就像是被閃電擊中一樣，苦笑無奈，後悔不及。

漢建安五年（二〇〇年）二月，袁紹派兵攻打白馬，大將顏良爲先鋒官，曹操請關公迎戰，關公就上馬，倒提青龍偃月刀，直奔顏良。顏良見關公奔赴陣前，尚未知來者何人，關公手起刀落，已斬顏良首級於亂軍之中，化解白馬之圍。曹操表奏關公的功勞，獻帝封他爲「漢壽亭侯」。

不久，關公知道大哥劉備在袁紹之處，就到相府向曹操請辭，但是曹操避而不見。於是關公封金掛印，保護兄嫂向北而行。由於沒有曹操放行的榜文，所經關卡不肯放行，因此有過五關、斬六將的激烈衝突。這五關

▲協天廟例於春秋兩季舉行關聖帝君的祭典。

行

是：東嶺關、洛陽關、沂水關、滎陽關、黃河渡口關，由六名將軍鎮守，這六位將軍是：孔秀、韓福、孟坦、卞喜、王植、秦琪。

曹操明白無法留住關公，而且先前已有三約，爲突顯君子風範，連下三道放行榜文，使關公安然離去。關公經過臥牛山附近時，遇著周倉下山搶劫，周倉見關公威風凜凜，有意跟隨，關公就收爲部將。之後關公一行人來到古城，張飛出城迎接，二個人相抱，歡喜之下流下眼淚。

大意失荊州

漢建安六年（二〇一年），曹操與劉備兩軍在穰山下接陣，劉備敗戰。不久，劉備又在軍師徐庶的妙計之下收回樊城，由關公領兵鎮守。徐庶向劉備推薦臥龍先生諸葛孔明，劉、關、張便三赴南陽臥龍岡，求見諸

葛孔明，孔明於隆中定策，獻三分之計，也就是使東吳的孫權、魏國的曹操，與劉備的蜀國成鼎立之勢，開始了歷史上著名的三國時代。

漢建安十三年（二〇八年）十月，曹操領軍南下，劉備與吳國孫權在赤壁聯合迎戰，因爲曹軍不識水性，龐統又巧獻連環計，諸葛孔明祭東風，周瑜火攻三江口，曹軍大敗，傷亡慘重。曹操向北而退，還沒到華榮道，正遇著關公奉孔明之令守候。

關公義重如山，見曹軍人馬俱疲，狀極狼狽，又回想當時曹操以禮相待，連下三道榜文，使他安然離開，心中不忍，便放了曹操，讓曹軍離去。赤壁一戰，劉備收有江南諸郡，在建安十四年（二〇九年），封關帝爲襄陽太守蕩寇將軍。

建安十六年（二一一年）關公專督荊州軍事，東吳孫權欲討回荊州，便派魯肅在陸口塞外臨江亭設宴款待關公。關公單刀赴會，談笑自如，魯肅於會中對關公言明不惜動用武力奪回荊州的決心，關公借酒假醉，挾持魯肅到江邊，坐船而回，英勇之下荊州得以保全。

建安二十四年（二一九年）七月，劉備即位爲漢中王，曹操再次領兵欲取荊州，劉備封關公、張飛、趙雲、馬超、黃忠爲五虎將，關公爲五虎之首。五虎將與曹操所派大將于禁、龐德交戰於樊城，關公與龐德對陣，不小心左臂中箭，便收兵回城。于禁領七軍鎮守在樊城北方縣口川，雖然曹軍有千軍萬馬，但是未得天時之利。當時烏雲密佈，大雨一連數日，襄江雨水暴漲，關公派人堰住各處水口，不久水淹七軍，擒于禁、斬龐德，威震華夏。

關公中箭之後，神醫華陀特來醫治，割臂刻骨取箭頭，關公拒絕使用麻藥，療程間依

▶義重如山的關聖帝君，是儒道佛三家共同奉祀的神祇。

然談笑風生，飲酒下棋，面不改色，並無疼痛的表情，華陀就說：「將軍乃是我生平看見最神勇之人。」

雖然箭頭拔起來，但是傷口還沒完全好。當年十月，關公聽到東吳呂蒙病重，感覺機會來了，就領兵圍攻樊城。誰知呂蒙詐病引關公入城，然後領兵三萬，快船八十艘，襲擊荊州。荊州被東吳大軍佔領，關公知道中計時已經來不及了。東吳孫權又派使者去跟曹操接頭，兩面夾攻關公，曹操親自領兵駐紮在陽陸坡，命令大將徐晃急戰關公。

麥城升天成聖

遭遇東吳孫權以及曹操兩大軍隊圍攻，可說是關公一生中最大的挑戰。雖然敵人勝過自已的兵馬有數十倍，但是關公完全不將對手放在眼裡，就以一人當關、萬夫莫敵的姿態出城迎戰。關公明知此戰必敗無疑，但是仍然奮戰到底。此戰可說是驚天動地，風雲變色，鬼哭神嚎，刀光劍影，死傷無數。關公雖然神勇無比，青龍偃月刀從來沒有敗過，可是前有曹操，後有孫權，兩軍夾攻之勢甚急，關公不忍部下死傷連連，只好下令退走麥城。

關公進入麥城後，派人到上庸討救兵。此時關公的兵馬只剩二百多人，將領只有愛子關平和周倉。城外吳軍連連召喚關公開城投降，關公看見此景悲痛交加，也明白上庸救兵沒來，就對周倉說：「你守住麥城，待我與關平到西川帶兵馬來與你會合，再收復荊州」。關公說完，就往北門敵人最少的地方，帶著兵馬衝出重圍，一路廝殺，來到一條小山路，身邊的兵士只剩十多個。想不到東吳的兵將早就埋伏在兩邊，看到關公發出信號，長鉤和套索連連射出，這位從來不曾戰敗的蓋世英雄就翻身落馬被擒。關平聽到

父親被擒，急忙趕來解救，但寡不敵眾，最後也與父親同樣被擒。

東吳孫權對關公欣賞萬分，認為他是三國最出色的豪傑，有意勸降，收為身邊大將。但是，關公義氣參天，且忠臣不事二主，絕不可能歸降。因此，孫權身邊大臣紛紛諫言：「此人不除，日後定將對你不利。」在建安二十四年（二一九年）冬天，這位忠肝義膽，浩氣凌雲的大丈夫，與愛子關平一同遇害，尸解升天，享壽六十歲，愛子得年四十一。部下周倉聽到最敬重的主人已經被害，便與守住麥城的軍士一同自刎，追隨關公於黃泉之下。

帝君顯靈

關公遇害之後，東吳孫權佔領荊州、襄樊兩地，設宴款待大將、犒賞三軍。由於呂蒙用計詐病害死關公，功勞不小，就高坐上位，由孫權親身倒酒以表慶賀。正當呂蒙酒酣歡喜之

▲參與關帝祭的兒童，亦敬仰其義氣參天。

時，忽然將酒向地下一丟，雙手按住孫權胸口，將他揪住，隨即破口大罵：「碧眼小兒，紫髯鼠輩，可識得我？」而後又將孫權推倒在地，坐於主位，雙眼如電，再次開口：「我自破黃巾賊以來，縱橫天下三十多年，如今你以奸計害我，使我不能再為大哥效勞，我生不能殺你之軀，死當擒拿呂蒙之魂。我正是漢壽亭侯，關雲長也。」

眾人大驚失色，關公竟然陰魂不散，附身在呂蒙身上。眾軍士慌忙下跪叩拜，關公魂魄才離開呂蒙身軀，眾人見呂蒙已摔倒在地，七孔流血而亡。此時孫權惶恐萬分，一方面怕關公魂魄再次前來討命，另一方面又怕劉備領兵報仇，就用木匣裝著關公的首級，派人送給曹操，以嫁禍曹操。

曹操開匣觀視，見關公面目如生，就說道：「雲長別來無恙！」才說完，見關公口開眼動，鬚眉皆張，曹操大驚而倒，很久才醒來，就用沈香材雕刻關公的身軀，以王侯之禮隆重祭祀，安葬關公首級於洛陽南門城外。

曹操從此一病不起，在建安二十五年（二二〇年）正月，這位一代梟雄也氣絕身亡。關聖帝君的首級葬在洛陽之後不久，孫權也以諸侯之禮安葬其身軀於當陽漳鄉，因此民間流傳一句話：「頭定洛陽身困當陽，魂歸故。」

關公升天不久，張飛也被自己的部下范

疆、張達殺害。劉備為報關公之仇，領兵七十萬攻打荊州，但東吳兵將威猛無比，身邊又沒有關公與張飛相助，因此大敗而退。劉備敗走白帝城，每日思念關公以及張飛，傷心過度，在章武三年（二二三年）重病而亡，享年六十三歲。

關聖帝君雖然不在人間，相傳在清明節那一天，有人曾經在關公祖先石

▲協王廟裡所舉辦的關聖帝君春祭大典。

▲位於桃園大溪的關聖帝君廟。

磐公的墳墓附近，看到馬蹄印以及劍痕，而且酒香彌漫四周。經過風吹雨打許多年，那裡的蹄印、劍痕，依然明顯如新，據說是帝君顯聖回鄉祭拜祖先的遺跡。

關於恩主公

關聖帝君一生以「忠悌孝信禮義廉恥」這八德做為處事原則，使後世人敬仰。桃園三結義，大敗黃巾賊，過五關、斬六將、保二嫂、回古城、取華雄、擒呂

布，手拿青龍偃月刀殺管亥，倒拖刀斬顏良，三請孔明定三國，赤壁之戰於華容道義釋曹操，單刀赴會挾魯肅，水淹七軍、擒于禁、斬龐德，破肉刮骨取箭療傷依然談笑自在，敗走麥城、願死不降等英勇事迹，在民間廣爲流傳，被道教敬奉爲武聖、關聖帝君、伏魔大帝、崇寧眞君、關老爺、關帝爺、山西夫子，儒家敬奉爲文衡聖帝。

無論在中國或者台灣，關聖帝君的敬奉弟子非常多，都以他高風亮節的操守，做爲學習的典範。佛教尊稱關聖帝君爲伽藍護法，這是傳說中的故事，並不正確。伽藍護法在佛教經典記載中另有他人，而台北地區尊稱帝君爲恩主公，也是因爲台北市松江路行天宮之故而受世人誤解。

據說行天宮的第一代主持爲郭進得先生，舊址在台北市中山區九台街稱「關帝廟行天宮」，受奉祀的神明有五位：包括關帝君、岳飛、呂仙祖、王天君和張灶君，信徒弟子很多，都稱呼恩主。一九六七年，行天宮遷移至松江路與民權東路口台北市本宮，因爲弟子都尊稱恩主，所以進入行天宮的信徒，也尊稱祂爲恩主公。

其實，恩主公是每一個人對自己所敬拜的主神或守護神的稱謂。如果敬拜觀世音，觀世音就是您的恩主；敬拜玄天上帝，玄天上帝就是您的恩主公；有恩於您而虔誠供奉。男神稱恩主公，女神稱恩主，不管如何稱呼，名稱只是一個代表而已，最主要的是要以虔誠、無所求的心來敬拜。

廚藝精湛嗜美食

——易牙祖師是歷史上的大廚師

易牙是春秋時期著名的廚師，飲一口水便能說出河川的名字。擅長辨別食物味道，精於烹調，刀法技術堪稱天下一絕，所做的菜餚酸鹹適中，極爲美味。

在台灣民間信仰或者道教中，又可以將神明細分爲主神、統一神、行政神、司法神和職業神。

職業神就是各行各業的創始祖，弟子尊稱爲祖師爺；也有手藝巧妙的先賢，被後人恭奉如同祖師，如木工的祖師爺是魯班公，而神農大帝與保生大帝、華陀、扁鵲等是醫生的祖師爺。從事餐飲的廚房師父，則以易牙爲祖師爺，渴望能擁有易牙辨味、烹調的才能，以及精湛的刀工。在台灣奉祀易牙祖師的廟很少，但是擁有易牙之技，仍是許多人共有的心願。

技藝超群的廚師

易牙祖師爲何成爲廚師的祖師爺？《史記》中記載，易牙俗名叫做巫，又稱雍巫、狄牙，是春秋戰國時期齊國雍邑人氏，相傳易牙知味，善於辨味，又精於烹調，刀法技術堪稱天下一絕。易牙是春秋五霸齊桓公的倖臣，又是著名的廚師，他做的菜餚，無論酸鹹甘淡，美味適口，深得齊桓公的賞識。

據說易牙對任何一

▲易牙的料理曾深得齊桓公賞識。

條河水，都可以分辨出來。《論語》一書說道：「易牙之調味也，酸則沃之以水，淡則加之以鹼，水火相變易，故膳無鹹無淡之失也。」《孟子》曰：「至於味，天下期以易牙。」意思就是如論口味，全天下的人都期望嚐到易牙的手藝，孟子也讚嘆易牙的廚藝堪稱天下第一。所以後人便說：「一生之中，若能嚐到易牙的手

▲易牙廟前龍門陣的模型，十分生動可愛。

藝，人生便感到滿足了。」

廚師奉祀易牙

由以上諸多記載，廚業認為他傳下了廚藝，故奉為祖師爺。《津門雜談》〈祀神陋習〉中說：「木匠供奉魯班，飯館供奉易牙，各行各業，各有他們所奉祀的祖師爺。」《飲食業考略》也記載中國瀋陽西關曾建有一座易牙廟，是廚師的祖師，每逢其誕辰之日，弄庖之人必備菜餚，恭祝叩拜，以求祖師庇祐。《青浦縣綾志》第二卷更明白記述：「庖人奉易牙」五字。

元末明初之時（十四世紀中期），有一位非常出名的烹飪家韓奕，十分推崇易牙，寫了一本烹飪專著叫做《易牙遺意》，書中也反映出廚業奉易牙為祖師爺，而其原本則保存於台北故宮博物院。

廚師祭祀易牙，祈求自己的手藝如同易牙再世。春秋五霸之一的齊桓公就曾經說過：「吾一日不嚐易牙所煮料理，便感到夜不安寢，無心理朝。」

易牙生於西元前七一〇年左右，卒於西元前六四二年，距二十世紀末期已二千多年，每逢農曆六月二十八日易牙生日，廚師都會各獻妙技，獻菜不分葷素，供奉在易牙祖師的神案前，而且每一道菜都有含意，每一個座位上都會寫上神佛名稱，神佛前來祝壽時各就其位，猶如對號入座。廚藝精湛，或者嗜好美食的朋友，是不是也對供奉易牙的宴饗感到十分神往呢？

1999年 聯合報讀書人年度最佳童書

《台灣人的歲時與節俗》 劉還月／著

1991年 第十四屆吳三連獎代表作

1992年 金鼎獎推薦優良圖書

1995年 美國關懷台灣基金會文化貢獻獎

《台灣人的祀神與祭禮》 劉還月／著

1991年 第十四屆吳三連獎代表作

1992年 金鼎獎推薦優良圖書

1995年 美國關懷台灣基金會文化貢獻獎

《台灣大地震斷層現場實錄》 劉還月／著

1999年 本土十大好書

《台灣客家關係書目與摘要》〈專書論文卷〉上下三冊 劉還月召集・陳逸君主編

2000年 傑出文獻保存獎

《台灣客家關係書目與摘要》〈方志文獻卷〉 劉還月召集・陳逸君主編

2000年 傑出文獻保存獎

常民文化事業股份有限公司
台北市110信義區基隆路二段81-1號4樓
電話：02-23782407～9 傳眞：02-27373091
網址：www.Ping-Pu.org.tw E-mail：folkways@ms9.hinet.net

《南瀛歷史與風土》 黃文博／著
1995年 文建會獎助價購優良圖書
1996年 台灣省政府新聞處獎助優良著作
1996年 教育部人文及社會科學優良研究著作獎

《台灣民間信仰與儀式》 黃文博／著
1990年 教育部人文及社會科學優良研究著作獎

《探討台灣民間信仰》 董芳苑／著
1996年 本土十二大好書

《台灣南島民族的族群與遷徙》 李壬癸／著
1996年 國家文化藝術基金會贊助出版
1999年 教育部八十八年度獎勵原住民教育及語言研究著作甲等獎
（原住民歷史與文化學術論著）

《台灣平埔族的歷史與互動》 李壬癸／著
1996年 國家文化藝術基金會贊助出版
1997年 本土十大好書

《台灣鄒族生活智慧》 依憂樹．博伊哲努（浦忠勇）／著
1997年 中國時報開卷版推薦一週好書

《寫給青少年的——排灣族的一年》 馬筱鳳／著．陳敏捷／繪圖
1997年 行政院新聞局第十五次推介中小學生優良課外讀物

《噶瑪蘭族的特殊祭儀與生活》 張振岳／著
1997年 國家文化藝術基金會贊助出版

《寫給青少年的——台灣早期童玩野趣》 王灝／著
1998年 台灣省政府新聞處贊助優良著作
1998年 行政院新聞局圖書出版金鼎獎
1999年 第17次中小學生優良課外讀物

《台灣鄉土傳奇》 沈文台／著
1998年 台灣省政府新聞處贊助優良著作

《寫給青少年的——阿公走過的路》 林月娥／著
1999年 第17次中小學生優良課外讀物

《苗栗的開拓與史蹟》 黃鼎松／著
1998年 台灣省教育人員研究著作獎

《台南地方鄉土誌》 陳春木／著
1998年 台灣省教育人員研究著作獎
1999年 台灣省文獻出版品評鑑推薦獎民間出版品文獻整理研究類第二名

《走過蘭陽歲月》 徐惠隆／著
1999年 台灣省獎勵教育人員研究著作特優獎

《站在台灣廟會現場》 黃文博／著
2000年 地方文獻出版品評鑑佳作獎

《寫給青少年的——Akokay tatala,獨木舟》 夏本奇伯愛雅(周宗經)／著．劉於晴／繪圖
1999年 中國時報開卷版推薦一週好書
1999年 聯合報讀書人版每週新書金榜
1999年 聯合報讀書人年度最佳童書

《寫給青少年的——Misinmo pa libangbang,飛魚》 夏本奇伯愛雅(周宗經)／著．劉於晴／繪圖
1999年 中國時報開卷版推薦一週好書
1999年 聯合報讀書人版每週新書金榜

常民文化得獎好書

出版好書，本就是常民文化的職志，
我們精選了每一本書，許多社團或媒體，
也肯定我們選書的精神，
給了我們最多的鼓勵……。

《尋訪台灣平埔族》 劉還月／著

〔部份內容〕
1988年 教育部文藝獎佳作
1990年 中央日報文學獎報導文學第三名
1991年 聯合報報導文學獎第一名
1992年 聯合報報導文學獎佳作
1993年 第七屆王育德紀念研究獎
1994年 聯合報報導文學獎第二名

〔全部內容〕
1995年 順益台灣原住民文化研究出版獎
1995年 本土十大好書
1995年 文建會獎助價購優良圖書
1996年 中國時報開卷版推薦一週好書
1996年 中國時報開卷版年度十大好書推薦書單

《台灣布農族風俗圖誌》 達西烏拉彎．畢馬（田哲益）／著
1995年 順益台灣原住民文化研究出版獎
1995年 文建會獎助價購優良圖書

《寫給青少年的——台灣祭典風俗》 呂明穎／著．劉還月／攝影
1995年 文建會獎助價購優良圖書
1996年 新聞局推薦第十四次中小學生優良課外讀物

《台灣野鳥圖誌》 何華仁／著
1996年 中國時報開卷版推薦一週好書
1997年 行政院新聞局第十五次推介中小學生優良課外讀物
1998年 二十一世紀讀書計畫名家推薦書單

《台灣原住民的口傳文學》 巴蘇亞．博伊哲努（浦忠成）／著
1995年 順益台灣原住民文化研究出版獎
1996年 中國時報開卷版推薦一週好書

《雅美族的古謠與文化》 夏本奇伯愛雅（周宗經）／著
1995年 順益台灣原住民文化研究採集獎

《台灣土地傳》 劉還月／著
1991年 第十四屆吳三連獎
1995年 美國關懷台灣基金會文化貢獻獎

《台灣鄉土誌》 劉還月／著
1991年 第十四屆吳三連獎
1995年 美國關懷台灣基金會文化貢獻獎

《台灣產業誌》 劉還月／著
1991年 第十四屆吳三連獎
1995年 美國關懷台灣基金會文化貢獻獎

《台灣民俗田野行動入門》 劉還月／著
1991年 第十四屆吳三連獎
1995年 美國關懷台灣基金會文化貢獻獎

國家圖書館出版品預行編目資料

神佛正傳與祭拜須知．夏之卷／李登財，劉還月
合著．--第一版．-- 台北市：常民文化，
2000〔民89〕
面； 公分．--（台灣風土誌；21）

ISBN 957-8491-70-0（平裝）
1.民間信仰 - 台灣 2.祭禮 - 台灣

272 89014654

63 台灣風土誌21
神佛正傳與祭拜須知〔夏之卷〕

作者 李登財、劉還月

系列叢書策劃 台灣常民文化學會
責任編輯 張碧芬 校對 蔡幼璁、張碧芬、陳阿昭、黃耀瑩
發行人 劉魏銘（還月）
法律顧問 江鵬堅律師 莊柏林律師
編輯總顧問 何華仁
社務總監 吳登川 印刷顧問 蔣進興
編輯部
總編輯 劉還月
編輯 蔡幼璁、張碧芬、陳阿昭、黃耀瑩
經理部
總經理 施雲青
秘書 劉玉芳
會計．讀者服務 吳孟眞
出版發行 常民文化事業股份有限公司
發行所 110 台北市基隆路二段八十一之一號四樓
電話：(02)23782407-9 傳眞：(02)27373091
網址：www.Ping-Pu.org.tw
E-mail:folkways@ms9.hinet.net
郵政劃撥：18748668 常民文化事業股份有限公司
出版登記 北市業字第901號
印前作業 凱立國際印刷股份有限公司 電話：(02)27761201
印刷 松霖彩色印刷事業有限公司 電話：(02)22405000
總經銷 吳氏圖書公司 電話：(02)32340036（代表號）
235 台北縣中和市中正路七八八之一號五樓
定價 三八〇元
第一版第一刷 二〇〇〇年十二月

ISBN 957-8491-70-0